이승만의 민족통합주의 연구

이승만연구원 학술총서 9

이승만의 민족통합주의 연구

양동안 지음

연세대학교 대학출판문화원

간행사

우남 이승만(雩南 李承晩, 1875-1965) 문서를 보존 · 정리 · 출판해온 연세대학교 이승만연구원은 우남의 생애와 사상을 당대의 맥락 속에서 재조명하는 학술사업을 병행해왔다. 이 책은 그러한 학술사업의 일환으로 간행되었다.

이 책의 저자는 1998년 건국대통령이승만박사기념사업회(현 이승만건국대통령기념사업회)와 2001년 현음사에서 발간한 『대한민국 건국사』를 통해 1948년 대한민국이 수립되는 과정을 역사정치학적으로 분석한 바 있다. 1948년에 관해서는 대한민국 임시정부를 계승한 대한민국의 수립이 지니는 민족사적이고, 문명사적인 의미에 대한 예찬과 더불어 민족분단에 대한 비판의 목소리가 병존해왔다. 우남은 그러한 예찬과 비판의 중심에 놓이곤 했다.

우남을 민족분단의 책임자로 몰아세우는 일각의 날선 비판과는 달리 이 책의 저자는 우남의 정치사상을 민족통합주의라는 관점에서 재조명하고 있다. 이를 위해 저자는 우남이 옥중에서 집필하여 1910

년대에 출간했던 『독립정신』, 1920년대 『태평양잡지』에 게재된 우남의 논설들, 1949년에 발간된 『일민주의 개술』, 1950년대에 출간된 『대통령이승만박사담화집』 등의 문건들을 면밀히 검토하면서 우남의 주된 정치사상이 민족통합주의였다고 주장한다.

저자에 따르면 민족통합주의는 "민족을 일종의 유기체적 존재 및 운명공동체로 인식하며, 민족구성원들의 초계급적, 초지역적 통합 또는 단결을 추구"하는 정치사상이다. 저자는 우남이 반공주의자였기 때문에 민족통합주의자가 아니라는 주장을 반박한다. 우남의 민족통합주의는 "공산세력을 포함한 민족단합을 시도하다가 공산세력의 반대와 방해공작으로 민족단합이 실패지경에 처하자 공산세력을 제외한 나머지 세력들의 민족단합을 모색"한 정치사상이라는 것이다.

연세대학교 이승만연구원은 연구자들의 사상과 학문의 자유는 불가침의 영역으로 간주하고 존중해왔다. 그러한 견지에서 우남에 대한 학문적 비판까지도 폭넓게 수용해왔다. 따라서 이 책에 담겨 있는 모든 내용들이 연세대학교 이승만연구원에 의해 공인되거나 연구원의 입장을 대변하는 것은 아니다. 그러나 분명한 것은 이 책을 통해 독자들이 노학자의 오랜 탐색과 고뇌의 결정체들을 경험할 수 있을 것이라는 점이다.

저자의 옥고를 마침내 우리 연구원 학술총서로 출간할 수 있게 된 것을 기쁘게 생각하며, 어려운 사정에도 불구하고 출판을 맡아준 연세대학교 대학출판문화원, 류석춘 전임 원장 시기부터 이 연구프로젝트의 세부작업들을 도맡아 수고해 준 우리 연구원의 오영섭 연구교수, 그리고 역시 전임 원장 시기부터 우리 연구원의 소소한 살림을 챙겨주고 있는 유지윤 간사에게 감사의 뜻을 표한다.

2017년 10월 16일
연세대학교 이승만연구원
원장 김명섭

머리말

특정 정치가의 사상을 파악하는데 있어서 가장 중요한 작업은 그가 정치활동 전 기간에 걸쳐 일관되게 주장한 관념이나 신조를 찾아내는 일이다. 이승만의 사상에 관한 기존의 연구들은 이점을 소홀히 한 아쉬움이 있었다.

필자는 이승만의 저서, 논설문, 연설집 등을 일별한 결과 그가 전 생애에 걸쳐 주장하고 실천하려 한 관념을 찾아냈다. 그것은 우리 민족의 독립과 단합이다. 민족의 독립과 단합을 추구하는 것은 모든 민족주의자들의 공통된 면모이다. 그런 점에서 이승만의 정치사상은 민족주의라 할 수 있다.

이승만의 정치사상은 민족주의이지만, 그의 민족주의는 신분과 사상의 차이를 초월한 민족 구성원 전체의 평등하고 포괄적인 단합을 주장한 점이 특징적이다. 이승만의 단합에는 차별과 배제가 없다. 그래서 필자는 이승만의 정치사상을 통합적 민족주의 또는 민족통합주의로 명명했다.

이승만의 정치사상은 민족통합주의의 관점에서 정리해야 한다는 생각을 가지고 있던 필자에게 수년전 그런 생각을 실천에 옮길 수 있는 기회가 주어졌다. 당시 연세대학교 이승만연구원의 원장을 맡고 있던 류석춘 교수가 연구비를 지원하면서 이승만의 민족통합주의 사상을 정리해보도록 배려해주었다.

필자가 천학비재한데다가 필자의 신변에 이런저런 일들이 빈발하여 저술 작업이 더디게 진행되어 이제야 소책자의 형태로 빛을 보게 되었다.

이 연구서의 발행에 즈음하여, 필자로 하여금 이 연구서를 집필하도록 지원·격려해준 류석춘 교수, 늦어진 원고 완성을 인내심을 가지고 기다려준 현 이승만연구원 원장 김명섭 교수, 원고 작성을 위해 필요한 자료 지원과 기술적 안내를 헌신적으로 해준 이승만연구원의 오영섭 연구교수에게 큰 감사의 뜻을 표한다.

2017년 10월

저자 씀

차 례

| 제 1 장 |

서 론

"이승만 박사의 정치사상이 무엇이냐?"라는 질문을 받으면, 명확하게 대답하는 사람들이 드물다. 이승만 박사의 정치에 관한 발언과 행적을 종합적으로 관찰하면, 그의 정치사상을 사회주의라고 말할 수는 물론 없고, 자유주의나 민주주의라고 말하기도 어렵다. 그는 강경한 반공노선을 취해왔고, 개인주의에 대해 부정적이었으며, 국민경제활동에 대한 정부의 개입을 주저하지 않았다. 또한 그는 집권기간 중에 민주주의 원칙에서 이탈한 조치들을 많이 취했다.

이승만 박사의 정치사상을 민족주의라고 규정하면 어떨까? 이 박사에 대해 강하게 비판하는 사람들은 이 박사가 반민족주의자라고 주장한다. 그들이 이 박사를 반민족주의자로 주장하는 논거로 제시하는 것은 이 박사가 1919년 3월 한반도에 대한 국제연맹의 위임통치를 청원하기 위한 조치를 취한 것, 독립운동세력 간의 분열을 추구한 것, 해방 후 미국을 등에 업고 남한에서 민족통일에 반하는 단독정부를 수립한 것, 대한민국 건국 후 친일파를 옹호한 것, 친미일변도 외교정책을 취한 것 등이다.

이승만 박사를 반민족주의자로 매도하는 사람들이 제시하는 논거들은 다 타당하지 않다. 이 연구의 여러 장들에서 그런 논거들이 적절치 못하다는 점들이 상론되겠지만 우선 총괄적으로 말하자면, 국제연맹의 위임통치를 청원한 것은 우리 민족에 대한 일본의 엄혹한 식민통치를 훨씬 부드러운 국제연맹의 위임통치로 대체해달라는 것이므로 반민족적인 행위로 규정할 수 없는 것이며, 독립운동세력 내의 분열은 이 박사가 먼저 촉발한 것이 아니라 반이승만세력이 먼저 촉발한 것이므로 이 박사를 독립운동세력의 분열을 추구한 반민족적 인물로 규정할 수 없는 일이다. 또한 해방 후 이 박사가 남한에서 단독정부를 수립한 것은 미국의 정책과 대립하면서 취했던 것이고 북한에서 단독 공산정부가 수립된 것에 대한 대응조치로서 취했던 것이므로 그것을 이유로 이 박사를 반민족주의자로 규정하는 것은 적절치 못하며, 건국 후 친일파를 옹호했다는 것도 실제와 부합하지 않으며, 미국만이 한국을 공산화 위험으로부터 보호해줄 의지와 역량을 가지고 있는 상황에서 친미외교정책을 취한 것은 결코 반민족적일 수가 없다.

이승만 박사의 정치사상을 민족주의로 규정할 때, 그러한 규정은 다소 모호한 점을 내포하게 된다. 왜냐 하면 민족주의 속에는 다양한 하위 유형이 존재하기 때문이다. 민족주의는 독자적인 사회 조직·운영 원리를 가지고 있지 않아서 여러 가지 기준에 따라 다양한 하위 유형을 분류할 수 있다. 예를 들면, 민족주의는 민족의 국가에 대한 태도를 중심으로 국가형성적 민족주의, 국가통합적 민족주의, 분리적 민족주의 등으로 분류할 수 있고, 민족의 타민족에 대한 태도에 따라 정복적 민족주의와 저항적 민족주의로 분류할 수 있다. 또한 다른 사상과의 결합상태를 기준으로 자유주의적 민족주의, 사회주의적 민족주의, 협동체주의적 민족주의, 보수주의적 민족주의 등으로 분류할 수 있다. 이처럼 민족주의 속에 다양한 하위 유형이 존재하는데 어떤 정치인의 사상을 그냥 '민족주의'라고만 말하는 것은 정밀성을 결여한다고 말할 수 있다.

이승만 박사의 정치사상으로서의 민족주의는 어떤 민족주의인가? 그에 대한 해답을 구하기 위해서는 이 박사가 활동했던 독립운동 시기 및 건국 시기에 있어서의 한국 민족의 민족주의운동 내부에 있어서의 하위 유형을 분류할 필요가 있다. 해당 시기에 있어서의 한국 민족주의는 민족주의운동에 참여하는 세력들이 추구하는 독립된 국가에서의 계급적 헤게모니를 기준으로 3개의 하위 유형으로 나눌 수 있다.

첫째는 부르주아지 헤게모니 지향적 민족주의(bourgeoisie hegemony oriented nationalism)이다. 부르주아지 헤게모니 지향적 민족주의는 민족주의운동에 참여한 민족자본가 및 그들과 유착된 지식인들이 추구한 민족주의이다. 이 부르주아 민족주의는 독립이 이루어진 후 국가의 헤게모니를 부르주아지가 장악하여, 민족구성원들의 자유 확대와 재산권 보호를 추구하는 민족주의이다. 이 민족주의는 공산주의에 대해 비협조 비타협의 노선을 취한다.

둘째는 프롤레타리아트 헤게모니 지향적 민족주의(proletariat hegemony oriented nationalism)이다. 프롤레타리아트 헤게모니 지향적 민족주의는 노동자 · 농민 및 그들을 동정하는 지식인들이 추구한 민족주의이다. 이 프롤레타리아 민족주의는 독립이 이루어진 후 국가의 헤게모니를 프롤레타리아트가 장악하여 민족구성들의 경제적 평등을 우선적으로 실현할 것을 추구하는 민족주의이다. 이 민족주의는 자유주의에 대해 반대하는 입장을 취하면서도 노동자계급운동의 국제주의 노선 및 계급혁명 노선, 즉 공산주의와는 거리를 두려

한다. 프롤레타리아 민족주의가 공산주의와 거리를 분명하게 하지 않을 경우에는 식민지·반식민지 지역에서의 공산주의 혁명운동의 외피로 전락한다.

셋째는 통합적 민족주의(integrative nationalism) 또는 민족통합주의(national integralism)이다. 통합적 민족주의는 초계급적 관점을 가진 지식인과 활동가들이 주도하는 민족주의이다. 통합적 민족주의는 민족을 일종의 유기체적 존재 및 운명공동체로 인식하며, 민족구성원들의 초계급적 초지역적 통합 또는 단결을 추구한다. 통합적 민족주의는 민족독립운동과정에서는 모든 민족구성원들이 단합하여 투쟁할 것을 추구하고, 독립 후 국가의 조직과 운영에서는 모든 민족구성원들이 차별 없이 참여하고, 협력하는 정치체제를 추구한다. 통합적 민족주의는 민족구성원들의 화합, 자유와 평등의 균형, 공동이익 등을 중시하며, 국민의 시민생활에 대한 국가의 지도적 역할을 인정한다. 민족통합주의는 자유주의와 사회주의에 대해 부분적 수용 부분적 거부의 입장을 취하며, 민주정과도 결합 가능하고 독재정과도 결합 가능하다. 특히 민족공동체가 위기에 처할 때는 위기 극복을 위해 독재와 결합하기 쉽다.

이승만 박사의 민족주의는 상술한 3가지 유형 중 통합적 민족주의에 해당한다. 이 박사는 청년기 민족운동을 시작할 때부터 민족의 단합을 주장해왔다. 이 박사는 독립운동과정과 건국과정에서도 항상 민족단합을 주장해왔다. 이 박사의 민족통합주의는 대한민국 건국 직후인 1949년에 자신의 통치철학으로 발표한 일민주의(一民主義)에서 매우 선명하게 천명된다. 이 박사는 『일민주의 개술』에서 다음과 같이 천명했다.

> 하나인 민족으로써 무엇에고 또 어느 때이고 둘이 있을 수가 없다. 계급이 없어야 하며 차등이 없어야 한다.…다만 하나이면서라도 그대로의 하나만이라면 나는 만족하지 아니한다. 오늘날은 정히 우리민족국가의 첫날이라 귀천의 계급만을 없애자는 것이 아니라 우리민족 전체를 통하여 고등의 대우를 받게 하여야 하며 빈부의 등차만을 없이 하자는 것이 아니라 우리민족 전체를 통하여 부유한 생활을 하게 하여야 할 것이니, 쉽게 말하면 죽 먹던 이를 밥 먹게들 하고 보리밥 먹던 이들을 이밥을 먹게 하자는 것이다.…우리민족은 하나다. 국토도 하나요, 정신도 하나요, 생활에도 하나요, 대우에도 하나요. 정치상 문화상 무엇에도 하나다. 하나가 미처 되지 못한 바 있으면 하나를 만들어야 하고 하나를 만드는 데에 장애가 있으면 이를 제거하여야 한다. 누구든지 독자의 일념이 일어날 때 이 하나에 위반되는 바 있거든 곧 버려라. 이 일념에서 민족이 깨어진다. 항상 분열을 가지고 일체에 더하려 말라. 알라! 헤어지면 죽고 뭉치면 산다. 나누어지는 데서 죽고 일(一)에서 산다.[1)]

이승만 박사는 집권 기간 내내 이러한 민족통합주의 사상에 입각

1) 이승만, 『일민주의 개술』, 일민주의보급회, 1949, 9~10쪽.

하여 통치를 했다. 이 박사는 1948년 대통령에 취임하여 1960년 사임할 때까지 민주주의 원리에서 이탈한 과오를 많이 범했지만 민족통합주의의 원리에서는 이탈하지 않으려 했다고 말할 수 있다.

| 제 2 장 |

『독립정신』 속의 민족통합주의의 맹아

이승만의 통합적 민족주의 사상은 그의 청년시절의 호국사상에서 비롯되었다. 이승만은 20대 청년 시절 열강의 간섭과 침략으로 인해 주권이 침해당하고 있는 조국을 수호하기 위해 열심히 운동했고 끝내는 투옥당했다. 그런 만큼 이승만은 매우 강고한 호국사상을 가지고 있었다.

한편, 이승만은 일찍부터 배재학당과 기독교 교회를 통해 서양의 민권사상(국민의 자유와 평등을 강조하는 사상)을 수용했다. 조국이 멸망하기 전에는 군주정이 실시되고 있었기 때문에 민권사상은 이승만의 사고 속에 완전히 수용되지 못했다. 그러나 그가 투옥되고, 뒤이어 조국이 멸망하면서부터 민권사상은 그의 정치사상의 한 기둥으로 수용되었다.

이승만이 청년시절부터 열렬하게 실천해온 호국사상과 민권사상의 복합체가 대한제국 멸망 후 그의 독립운동의 지도사상인 통합적 민족주의로 발전한 것이다. 통합적 민족주의 사상의 맹아는 이승만이 1904년 옥중에서 저술한 『독립정신』의 여러 페이지에서 단편적으로 확인된다.

이승만은 국가의 발전 없이는 국민의 발전이 없으며, 국가의 안전 없이는 국민의 안전이 있을 수 없다는 관념을 가지고 있었다. 이승만의 그런 관념은 "나라가 없으면 집도 없고, 집이 없으면 나와 부모처자와 형제자매 그리고 후손들이 어디서 살며 어디로 가겠는가. 그러므로 나라의 백성이라면 신분이 높든 낮든 안녕과 복지가 순전히 나라에 달렸다"[1]라는 문장으로 표현되었다.

그러한 호국사상의 연장선에서 이승만은 '나라를 번성하게 하는 것을 [국민의] 첫 번째 의무로 삼아야 한다"[2]라고 선언하고 있다. 그러면서 이승만은 국민이 무슨 일을 하려면 그것이 국가에 이로운 것인지 여부부터 먼저 따져보고 일을 해야 한다고 말했다. 이승만은 그러한 생각을 다음과 같이 진술했다.

> 우리는 우리가 하려는 일이 나라에 이로운 것인지 또는 해로운 것인지 먼저 생각해야 하며, 국가에 해로운 일은 하지 말고, 국가에 이롭고 나에게도 이로운 일은 해야 할 것이다. 큰 일이나 작은 일이나 여러 사람에게 도움이 되는 일은 나라에도 이로운 것이다. 아무리 나에게 이롭다 하더라도 여러 사람에게 해로우면 결국 나라에 해로운 것이다.…언제든지 나라의 주권을 보호하고 많은 사람들에게 유익한 일이 있으면 자신의 직업도 포기하고 재산도 헌납하며, 다른 사람도 권유하여 그것이 반드시 성사되도록 노력해야 한다.[3]

> 나라에 해로운 일은 누구나 반대해야 한다. 나라를 위해 이로울 일이 있으면 개인적으로 원수 같은 사이였을지라도 모두 한마음으로 나서야 한다. 그러므로 나라를 위하는 일을 할 때에는 부모형제 간의 천륜도 돌볼 수 없는 줄 알아야 하며, 또한 실천해야 비로소 의를 안다고

---

1) 이승만 저, 김충남 · 김효선 편, 『풀어쓴 독립정신』, 청미디어, 2008, 41쪽.

2) 위의 책, 396쪽.

3) 위의 책, 388-389쪽.

할 것이다.…나라를 편안하게 하고 완전케 하는 것이 참으로 나라를 위하는 것이다.[4)]

이승만은 나라를 번성케 하는 것이 국민의 첫 번째 의무라고 생각했기 때문에 국가가 곤경에 처해 있을 때는 국민은 국가가 그 곤경을 타개해 나가도록 협력할 책임이 있다고 주장했다. 그는 그런 생각을 다음과 같이 풀어놓았다.

오늘날 이 나라에 사는 것이 거센 폭풍을 만난 배를 탄 사람들과 같으니, 백성들은 상관없다고 무심히 앉아 편안히 항해하기를 바라겠는가. 남녀노소 일제히 일어나 각자가 가진 물건을 모두 바다에 던져 배를 가볍게 만들어 목적지에 도착하도록 노력해야 할 것이다.…마찬가지로 사람마다 대한제국의 자유와 독립을 지키기 위하여 목숨과 재물을 아끼지 말고 이 나라의 파멸을 막아 2천만 동포의 생명을 구할 중대한 책임이 있다.[5)]

이승만은 후손들이 행복한 삶을 누릴 수 있도록 하기 위해 당대의 국민은 국가 수호를 위해 목숨을 바치는 것이 마땅하다고 주장했다. 그러면서 이승만은 국가 수호를 위해 목숨 바칠 결심하고 나서는 누구든지 나라의 주권을 침해하는 사람을 보게 되면 그 사람이 설혹

---

4) 위의 책, 401쪽.

5) 위의 책, 69쪽.

형제일지라도 원수로 여겨야 할 것이라고 못 박았다.(393쪽) 이승만은 또 "나라를 해치는 자만이 나의 원수가 아니라 나라를 구할 수 없다고 포기한 자 또한 나의 원수이다. 내 마음 속에 나라를 구하는 것을 기피할 생각이 조금이라도 있다면 내 마음이 또한 나의 원수이다"(63쪽)라고 말했다. "내 마음 속에 나라를 구하는 것을 기피할 생각이 조금이라도 있다면 내 마음이 또한 나의 원수이다"라는 표현은 이승만 호국사상의 절정을 보여준다.

이승만의 열렬한 호국사상은 공익우선사상으로 연결되었다. 이승만은 국민이 사적인 이익보다 공익의 실현을 우선해야 하는 이유에 대해 다음과 같이 설명했다.

> [인간이] 남을 해롭게 하면서 자신만을 이롭게 하려 한다면 남에게만 해로운 것이 아니라 자기 자신에게도 해로운 것이니, 이것이 바로 사사로운 생각이다. 남을 이롭게 하면서 자신에게도 이익이 되게 하는 것을 공익이라 하니, 공익을 참된 이익으로 여기는 자는 사회에 공헌하는 것을 본분으로 삼을 것이다. 왜냐하면 우리 모두의 행복과 안전이 사회 전체에 달렸기 때문이다.…사람은 짐승과 달라서 혼자서 살 수 없고 여럿이 모여서 규정과 질서를 정하고 서로 의존하기 위해 사회를 만든 것이다.…한 사회가 풍성하게 잘 살면 그곳에 사는 사람은 누구나 먹고 입는 것을 걱정할 필요가 없다.…사회와 그 속에 살고 있는 사람들 간의 관계에 대해 아는 민족들은 나라를 잘살게 하는 것이 곧 자기 집을 잘살게 하는 것이며, 나라를 평화롭게 하는 것이 가정의

> 평화를 보장하는 것이라는 사실을 알기 때문에 사회를 유지하는 공통된 이익을 지키는 것을 국민의 책임으로 알고 있다.[6]

이승만은 인간이 사회적 동물이기 때문에 사회유지에 필요한 공익이 우선적으로 실현되어야 사회 구성원들이 안전하고 평화롭게 살 수 있다는 주장을 펴면서, "나라 안에 있는 모든 사람이 [자기의] 권리만을 주장하고 공공의 이익을 등한시한다면 개인의 권리를 보호하려는 것이 오히려 권리를 훼손시키는 결과를 초래하게 된다"[7] 고 진단했다. 공익을 위한 사익의 제한은 국가의 존속력을 강화해준다.

이승만은 이처럼 국가수호와 공익실현 과업 수행에 있어서 국민의 역할이 중요하다고 보았다. 이승만은 실과 실타래에 비유하여 국민의 역할을 다음과 같이 설명했다.

> 약한 실도 여러 겹으로 합하여 큰 실타래를 만들면 강하게 되는 것을 누구나 다 안다. 그 중 한 올이라도 썩으면 결국 실타래 전체가 못쓰게 된다. 그 실이 처음부터 없었다면 실타래 전체에 해를 미치지 않을 것이다. 국민 한 사람은 나라라는 큰 실타래의 실 한 올에 비유될 수 있다. 나라를 위한 자신의 직분을 제대로 할 수 없다면 자신이 존재하지 않는 것이 자신에게나 사회에도 오히려 나을 것이다. 사람이 어찌 자신의 이익을 좇기만 하고 국민으로서의 책임에 대해 관심도 없고

6) 위의 책, 182쪽

7) 위의 책, 194쪽.

> 실천하려 하지도 않는가.…무엇보다 먼저 나라를 위한 책임을 다하는 것이 누구에게나 중요하다는 것을 알아야 한다.[8]

이승만은 그의 저서 『독립정신』에서 이상과 같이 국가수호사상을 피력하면서, 그와 병행하여 민권사상 즉 자유·평등사상을 강조했다.

이승만은 천부인권설을 믿었다. 이승만은 "자주와 독립은 인간의 타고난 권리라 할 수 있다. 세상에서 높다 낮다, 귀하다 천하다 하는 것은 사회적 환경에 따라 구별하는 것이나, 하나님의 원리로 볼 때 귀하고 높은 자나 약하고 천한 자 모두 귀와 눈과 입과 코는 물론 팔 다리를 가지고 태어난다. 하나님은 누구나 자기 일을 하고, 자기 자신을 보호할 수 있도록 똑 같은 모습으로 창조하셨다"[9]고 주장했다.

그는 이어서 "마땅히 자유라는 새로운 이념으로 사람들을 오랜 관습의 굴레에 벗어나게 하여 좋은 것과 나쁜 것을 구분할 수 있게 해야 할 것이다. 마음이 자유롭지 못하고 낡은 관습에 묶여있으며 몸만 자유를 얻으려 한다면 결코 성공하지 못할 것이다"[10]라고 말했다.

이승만은 또 "모든 사람들이 힘껏 일하고 공부하여 성공할 수 있

---

8) 위의 책, 390쪽.

9) 위의 책, 93쪽.

10) 위의 책, 169쪽.

도록 자유의 길을 열어놓아야 한다. 그렇게 하면, 사람들에게 스스로 활력이 생기고 관습이 빠르게 변하여 나라 전체에 활력이 생겨서 몇십 년 후에 부유하고 강력한 나라가 될 것이다. 자유를 존중하는 것은 나라를 세우는 근본이 되는 것이다"[11] 라고 말했다.

이승만은 자유의 동반가치로 독립심을 강조했다. 이승만은 "[인간은] 자유를 자기 목숨처럼 여기며 남에게 의지하지 말아야 한다. 왜냐하면, 남에게 의존한다면 오늘의 세계에서 자립할 수 없기 때문이다"[12]고 말했고, "모든 사람이 스스로 독립심을 가지고 살아가는 것을 중요하게 여겨야 한다"[13] 라고도 말했다

그러면서 이승만은 '자유를 존중하는 것은 나라를 세우는 근본'[14] 이라고 천명했다. 이승만은 우리 민족의 나라가 인간의 기본적 자유가 보장되는 그런 나라가 되기를 바랐던 것이다.

이승만은 자유를 강조하면서 아울러 평등을 강조했다. 그는 "사람은 모두 평등하게 태어났으나 노력하는데 따라 사람의 가치가 달라지는 것이다. 똑같이 태어났다 하더라도 도덕과 품행을 잘 닦고 무언가 이룩해서 많은 사람들에게 이롭게 한다면 송시열이나 허목 같은 사람이 될 수 있을 것이다"[15]라고 말했다.

그는 이와 같은 평등사상에 입각하여 지난 날 우리 민족사회의

---

11) 위의 책, 408쪽.

12) 위의 책, 404쪽.

13) 위의 책, 406쪽.

14) 위의 책, 408쪽.

15) 위의 책, 171쪽.

신분제 불평등과 그로 인한 피해를 다음과 같이 신랄하게 비판했다.

> 상민들은 그들이 잘살고 못사는 것은 전적으로 양반의 손에 달렸다고 믿어 양반을 받들고 돕는 것이 그들의 도리라고 여기고 있다. 따라서 상민은 학식이 아무리 뛰어나도 감히 벼슬자리를 넘보지 못한다. 상민의 자식들은 아무리 총명해도 경륜을 펼칠 수 없으므로 힘써 노력할 필요가 없다며 배우기를 힘쓰지 않으니 수없이 많은 인재들을 이처럼 아깝게 버리고 있다. 전국을 통틀어 양반은 전 국민의 천분의 일도 안 된다. 양반들이 모두 나라를 위해 일한다 할지라도 나머지 999는 모두 양반들을 위해 사는 사람들이니 나라에서는 999의 백성을 잃어버린 것이나 마찬가지다. 이처럼 우수한 백성들을 잃어버려 나라는 날마다 쇠퇴하여 이 지경에 이르렀다.[16]

이승만은 양반과 상민을 나누는 조선조의 신분제도가 이상과 같은 폐해를 초래한 점을 지적하면서 그것의 철폐를 주장했다. 그리고 모든 사람이 스스로 독립심을 가지고 살아가는 것을 중요하게 여겨야 하며, 다른 사람의 권리 또한 존중해야 하고, 사람을 억압하는 온갖 폐습을 버리고 아랫사람을 자유롭게 하며, 그들도 다른 사람들과 같은 지위를 누리도록 해야 한다[17]고 역설했다. 이승만은 또 "우리는 우리 집 종이나 다른 사람들의 하인 또는 천하게 여기는 부녀자들과

16) 위의 책, 173쪽.

17) 위의 책, 406쪽.

아이들까지 모두 존중해야 한다. 법 앞에서 그리고 우리 마음속에서 그들을 모두 다 평등하게 대하여 그들이 자립심을 가지고 각자의 일을 하는 국민이 되도록 해야 한다”[18]고 말했다.

이처럼 “국민은 국가에 해로운 일은 하지 말고, 국가에 이롭고 나에게도 이로운 일은 해야 하며, 나라의 주권을 보호하고 많은 사람들에게 유익한 일이 있으면 자신의 직업도 포기하고 재산도 헌납하라”고 주장하며, 국가의 자주독립을 위하여 황제로부터 상민에 이르는 모든 민족구성원들의 합심단결을 촉구하는 동시에 인간의 자유와 평등이 실현되는 사회의 실현을 주장한 것은 나라를 지켜서 자유·평등의 가치가 실현되는 정치체제로 개혁하고자 하는 이승만의 염원을 반영하는 것이었다. 실제로 이승만은 『독립정신』의 여러 지면에서 호국을 역설하고 자유·평등의 실현을 주장하면서 그와 병행하여 입헌군주정으로의 개혁을 주장했다. 이승만은 그런 개혁이 ‘아래로부터의 혁명’이 아닌 ‘위로부터의 개혁’에 의해 이루어지기를 주장하고, 황제로부터 상민에 이르는 모든 민족구성원들이 합심단결하여 국가의 자주독립을 지켜나갈 수 있기를 희망했다.

이승만의 염원과는 달리 대한제국은 멸망했고 입헌군주정으로의 개혁 기회는 사라졌다. 그리고 이승만의 호국사상과 민권사상의 복합체는 독립운동 지도사상으로서의 통합적 민족주의로 발전했다.

---

18) 위의 책, 407쪽.

| 제 3 장 |

이승만의 민족통합 이론

이승만은 1910년대 초반 독립운동에 본격적으로 가담하면서부터 민족단결을 주장해왔다. 그가 민족단결을 강조한 것은 단순한 민족 감정에서 비롯된 것이 아니라, 그에 관한 이론을 토대로 한 것이다.

이승만은 민족을 구성원들의 공동운명체로 생각했다. 이승만은 어떤 민족의 흥망은 그 민족의 단결력이 강한지 약한지에 따라 결정된다고 보았다. 그는 "어떤 민족의 단결력이 강대하면 그 민족의 운명은 복리를 형성할 것이요 단결력이 허약하면 그 민족의 운명은 비참을 면하기 어려울 것"[1] 이라고 단언했다.

이승만은 민족의 흥망과 민족 단결력 간의 함수관계에 대한 그의 이론을 그의 주관 하에 발행된 『태평양잡지』 1924년 4월호에 게재된 「민족적 단결은 생활의 요소」라는 제목의 긴 논문에서 설파했다. 그는 인류역사상 민족의 단결 현상이 나타난 시기는 인류가 먹을 것을 천연물에서 습득하여 먹는 천연물시대 말기 내지 인류가 소규모 목축을 영위해서 먹을 것을 습득하는 목축시대 초기에 처음으로 나타나기 시작했다고 설명했다. 그에 대한 이승만의 설명은 다음과 같다.

> [인류역사상] 민족적 단결[현상이 처음으로 나타난] 시기는 천연물시대 말기나 목축시대 초기에 시작되었다.…이 단결은 우리의 자동적이냐 타인의 피동적이냐.…단결은 우리의 자의가 아니요 타인의 시킴이라 하노라.…우리의 단결은 우리가 주장하고 우리가 협력하는 것이지만

1) 리승만, 「민족적 단결은 생활의 요소」, 『태평양잡지』, 1924년 4월호, 7쪽 (영인합본 『태평양잡지』 2, 국가보훈처, 2013, 43쪽).

> 이것을 주장케 하고 협력케 하는 것은 우리의 약함을 엿보고 분산함을 엿보는 저 외적이 시킴이라 하노라. 그러면 우리는 절도를 꺼리어 담과 울타리를 만드는 것이나 외적을 두려워하여 단결을 협력하는 것이 조금도 그 의미가 다른 것이 없는 것을 알았도다. 그러면 우리는 단결의 필요가 어디 있는 것을 대강 알 것이로다. 저 타족(他族)의 외세적 압력을 척제(滌除)하고 자족(自族)의 복리를 도모코자 하는데 있도다.[2)]

이승만의 설명에 따르면, 천연물시대 말기 아니면 목축시대 초기에 인류 역사상 최초로 민족단결 현상이 나타났으며, 민족단결 현상이 나타나게 된 것은 능동적으로 이루어진 것이기 보다는 외적의 침공에 대항하기 위해 방어적 수동적으로 이루어졌다. 즉 민족의 단결은 외적의 침공을 배척하고 자기 민족의 복리를 도모하기 위해 나타났다는 것이다.

이승만은 민족단결의 구체적 필요 요인으로 ① 인간의 신체와 생명을 보호하기 위한 필요성, ② 인간의 자유와 재산을 보호하기 위한 필요성, ③ 민족적 위신 확립을 위한 필요성 등 3 가지를 거론했다. 이승만은 이 3 가지 민족단결 필요 요인들에 대해 각 항목별로 자세히 설명했다. 먼저 민족 구성원들의 신체와 생명을 보호하기 위한 민족단결의 필요성에 대해 이승만은 다음과 같이 설명했다.

---

2) 위의 글, 12-13쪽 (영인합본 『태평양잡지』 2, 48-49쪽).

> [민족]단결의 필요는 우리의 신체와 생명을 보호함에 있다. 대저 우리의 신체와 생명에 대한 유독물은 두 가지가 있다. 그 첫째는 질병이요, 그 둘째는 외적의 독수이다. 우리는 질병에 신체를 손상하고 생명을 잃어버릴까 염려하여 항상 위생에 주의하여 건강을 보전코자 하나니, 그러면 저 외적의 독수로 인하여 우리의 신체와 생명에 박해되는 것을 무엇으로써 방어코자 하느냐. 이것은 우리의 정신을 수습하여 단결을 굳게 하는 것이다. 만일 우리가 이 단결에 부주의하게 되면 어느 날 어느 때라든지 또 저 일본 동경 지진 시에 당한 신체생명의 박해를 또 당할 것이요 결국에는 우리의 한족이 멸망지경에 이를 것이다. 우리는 이 단결이 부족함으로 우리의 반만년 조국의 유업을 외적에게 잃어버리고 또 6, 7차나 저 외적에게 수수만의 우리 동포의 생명과 신체에 박해를 당하였다. 이러한 역사적 비참은 우리뿐이 아니요 저 단결이 부족한 민족은 어떠한 민족이라든지 다 그러한 외적의 박해를 받는 것이다.[3]

다음으로, 이승만은 민족구성원의 자유와 재산을 보호하기 위해 민족단결이 필요하다는 점을 다음과 같이 설명했다.

> 단결의 필요는 우리의 자유와 재산을 보호함에 있다. 자유는 우리의 생명이다. 이것이 없는 사람은 시체와 일반이다. 그러므로 자유는 생

3) 위의 글, 13쪽 (영인합본 『태평양잡지』 2, 49쪽).

> 명과 같이 우리 인류의 절대 소중물이다. 우리는 이 자유를 우리가 창조한 것이 아니요 하느님으로부터 우리에게 품부하신 것이다.…저 외적의 간섭으로 개인의 행동이라든지 단체의 행동이라든지 압박과 절제를 받아 이 천부하신 자유를 잃어버린 동시에는 이것을 무슨 수단으로 회수하며 또 이것을 회수한다 하면 무슨 방법으로 보전할까? 이것은 다른 수단과 방법은 없다. 다만 저희는 저희민족의 단결을 굳게 하여 적의 간섭을 물리치지 않으면 되지 아니할 것이다. 저희 민족적 단결이 부족하면 먼저 외적의 간섭이 들어올 것이오 이것이 들어오면 저희의 자유가 침해당할 것은 두말을 요구할 것이 없다. 그러므로 자유를 보전코자 하면 단결이요 이 단결의 성취는 우리 자각에 있다 하노라.[4)]

이어서 이승만은 민족생활에 있어서 재산의 중요성에 관해 설명했다. 그에 따르면, 재산은 인간의 경제적 생활의 요소이며, 경제생활은 우리 인류 생활의 8, 9할을 점한다. 이 경제적 물질 즉 우리의 먹고 입고 자는 데 소요되는 물질은 신체나 생명이나 자유보다도 더 일찍이 문제되었다. 민족의 단결도 일차적으로는 경제적 물질(먹는 것)을 서로 빼앗고 침략하는 데에서 시작되었다는 것이다.

이승만은 경제적 물질 즉 재산의 풍족 여부가 국가의 강약을 결정한다고 보았다. 그는 "재산을 차지하기 위해 개인이나 국가나 서로

---

4) 위의 글, 13-14쪽 (영인합본『태평양잡지』 2, 49-50쪽).

쟁투를 일으키나니 자고로 금일까지의 여러 전쟁의 원인을 연구하면 십중팔구는 이 문제에 귀착된다.…우리는 이것을 갖고 있던 것은 아니 잃어버려야 할 것이요 또는 될 수 있으면 앞으로 나아가 타인의 것이라도 좀 가져오지 않으면 우리는 부강한 민족이 될 수 없을 것이다"라고 설명했다.[5] 그렇다면 이 재산을 어떻게 지킬 것인가? 그에 대해 이승만은 다음과 같이 답했다.

> 이것[재산]을 보전하고 진취하는 방법과 수단은 무엇이냐? 민족이 거대하여야 될 것이냐? 아니다. 민족이 4억이나 되는 중국은 참패만 당하지 아니하는가. 외교가 민활해야 할 것인가? 아니다. 아무리 초월한 외교가 있다 할지라도 자국의 실력이 없으면 될 수 없다. 그러면 대포와 군함이냐? 아니다. 대포와 군함이 많다 할지라도 그것을 사용하는 민족이 불성실하면 소용이 없다. 이것은 다른 방법이나 수단이 아니라 그 나라의 인민이 10명이 있든지 20 명이 있든지 한 마음 한 뜻으로 죽고 사는 것을 같이하자는 그 단결사상으로부터 나온 민족의 단결이다. 이 단결력이 아니면 결코 우리의 재산을 침해하는 외적의 위세를 척제(滌除)치 못하고 결국에는 다 빼앗기고 말 것이다. 우리의 재산을 보전코자 하면 단결이요 이 단결의 실부실(實不實)은 민족적 자각력(自覺力)에 있다 할 것이다.[6]

5) 위의 글, 14-15쪽 (영인합본 『태평양잡지』 2, 50-51쪽).

6) 위의 글, 15쪽 (영인합본 『태평양잡지』 2, 51쪽).

이승만은 끝으로 민족의 명예와 지위를 지키기 위해 민족의 단결이 필요한 이유에 대해 다음과 같이 설명했다.

> 단결의 필요는 민족적 체면 유지에 있다. 우리는 이 세상에 있어서 이 물질적 생활로만 그의 욕망을 채우는 것이 아니요, 물질 이외에도 또 한 가지 바라고 원하는 것이 있다. 명예와 지위라는 것이다. 명예나 지위는 먹고 입고 자는 데에는 하등의 관계가 없는 것이다. 그러나 이 세상은 차차 발전하여 갈수록 이것에 대한 우리의 욕망은 점점 극도에 달하여 이것을 위하여 많이 노력하고 또 그것으로 인하여 종종 개인과 단체 간에 다툼이 일어난다.…우리는 오늘날 명예도 없고 지위도 없는 사람이다. 나라를 잃어버린 망국민족으로 남의 식민지 백성이라는 누명을 쓰고 있는 민족이다. 망국민족이라면 명예는 말할 것도 없고 또 남의 식민지 백성이라 하면 그의 지위라는 것도 더구나 더 말할 것이 없지 아니하오.…우리의 명예와 지위는 이 세계에 있다. 세계에서 명예와 지위를 찾아야 한다. 적국을 물리쳐서 이 식민지백성이라는 누명을 벗어버려야 그 때 비로소 우리는 다른 나라 민족과 같이 자유 국민족이라는 명예도 또 다른 나라 민족과 같이 지위도 있는 것이다.[7)]

이와 관련하여 이승만은 우리 민족 구성원들을 향해 다음과 같이

7) 위의 글, 15-17쪽 (영인합본『태평양잡지』2, 51-53쪽).

호소했다. “참 분하고 원통치 아니한가. 당당한 우리 2천만 민족 4천여 년 역사를 가진 국가로 남의 나라 식민지 또 식민지 백성이라는 말이 이것이 우리가 잠시라도 듣고 볼 일인가? 제나라 주권자는 어디다 두고 남의 나라 주권자 지배하에 구부렁구부렁 이 노릇을 사람의 정신을 가지고야 할 노릇인가.…분하지도 안소 우리 한족이여, 원통하지도 안소 우리 동포들이여. 찾읍시다. 우리의 명예를 회복합시다”라고 호소했다. 그리고 우리 민족이 잃어버린 명예와 지위를 회복하는 유일한 방법은 우리 민족이 한마음 한뜻으로 단결을 굳게 지켜 일본에 대항하고 세계의 공의를 불러일으키는 것이라고 제시했다.[8]

이승만은 우리 민족이 세계에 흩어져서 타국인종과 같이 동화하고 북미주 인디언이나 하와이 원주민처럼 되고 말 것이면 합동할 필요도 없고 합동을 하면 도리어 방해가 될 것이나, 그렇지 않고 우리도 세계에 진보하는 민족들과 같이 문명 부각에 경쟁하여 나가야 되겠다 하면 우리 민족은 단결(합동)되어야 한다”[9] 라고 역설했다.

아울러 우리 민족의 독립에 대한 강대국의 지원을 얻기 위해서라도 민족단결이 필요하다고 이승만은 강조했다. 이승만은 우리 민족의 독립은 강대국의 도움 없인 이루어지기 힘든 형국인데 강대국의 도움을 받자면 우선 우리 민족이 단결하여 자조(自助)하는 태세를 갖추어야 한다는 점에서 민족단결을 강조했다. 이승만은 이것을 대

---

8) 위의 글, 17-18쪽 (영인합본 『태평양잡지』 2, 53-54쪽).

9) 리승만, 「하와이 한인 통일에 대한 나의 태도」, 『태평양잡지』, 1930년 4월호, 25쪽 (영인합본 『태평양잡지』 2, 425쪽).

한제국이 일본에 강제 병합될 때 미국 대통령이었던 디어도어 루즈벨트의 한국 관련 발언을 예로 들면서 다음과 같이 설명했다.

> 전 미국 대통령 루즈벨트씨가 말하기를 "미국이 한국과 서로 도와주마는 약조한 것이 있었으나 일본이 병탄하려 할 때에 한인들이 저의 몸을 돕지 못하는 고로 미국이 도와주지 못하였다" 하였나니 이것이 몇 천 년 전 장자(莊子)의 철학론과 같은 말이다. 예나 이제나 세상인심이 다 이러하여 한 잔 물을 주기가 어려운 것이 아니로되 그 고기가 능히 제 몸을 구제할 만치 못되면 물 한 잔도 줄 사람이 없을 것이다. 우리 독립운동에 우리의 제일 먼저 깨달을 것이 이것이다. 헛되이 남이 도와주어서 우리 독립을 도와줄까 바라지 말 것이오 내가 먼저 내 일을 해야만 남의 도움이 올 수도 있고 와서 도와야 그 도움이 참 도움이 될 수 있는 것이라.[10)]

이승만은 민족단결에 관한 이상과 같은 일반론을 기준으로 하여 우리 한민족의 당시 상황을 진단했다. 그는 한민족이 처한 당시 상황을 다음과 같이 서술했다.

> 그러면 우리 한족은 오늘날 어떠한 처지의 궁경(窮境)을 당하였는가? 우리는 일찍이 민족적 자각력이 부족하여 단결의 성취가 불완전한 연

10) 리승만, 「제일 급한 것」, 『태평양잡지』, 1924년 10월호, 4쪽 (영인합본 『태평양잡지』 2, 137쪽).

유로 외적의 침해를 받아 우리는 일언일동에 그 자유를 완전히 잃어 버렸고, 반만년 조국의 유업이 일조일석에 타인의 이용하는 바가 되었도다. 이러한 민족적 수치와 참혹은 우리 한족뿐만 아니라 민족적 단결력이 부족한 민족은 어떠한 민족이든지 다 그와 같은 외적의 박해를 받는 것이다. 잃어버린 자유와 재산을 회복하고자 하면 먼저 민족의 단결력을 회복해야 할 것이요 이것이 회복되는 그 때이면 만사에 자유자재로 될 것이다."[11]

이승만은 또 당시 우리 민족의 처지를 '우리 한인의 정형이 반신불수 병든 자의 신체와 같아서 가만히 들어 눕고 수족을 놀릴 수 없이 된' 상태라고 말하면서 몸이 이 모양인데 '도적을 어찌 방비하며 몸을 어찌 구하여 내리오'[12] 라고 개탄했다.

이승만은 우리 민족이 반신불수의 상태에서 벗어나려면 단결해야 하고, 우리 민족의 단결을 도모하기 위해 우선 해외거주 한인들부터 단결하자고 호소했다. 해외 거주 한인들이 단결해야 할 이유를 10 가지나 제시하며 다음과 같이 간절히 호소했다.

1. 우리 3천리 강토 안은 동서남북을 물론하고 다 한 혈족이오 한나라

---

11) 리승만, 「민족적 단결은 생활의 요소」, 『태평양잡지』, 1924년 4월호, 15쪽 (영인합본 『태평양잡지 2』, 51쪽).

12) 리승만, 「제일 급한 것」, 『태평양잡지』, 1924년 10월호, 6쪽 (영인합본 『태평양잡지』 2, 139쪽).

백성이라 사생고락을 다 함께 당할 것이며, 2. 우리의 독립은 2천만의 자유행복을 같이 누리자는 만세국가의 기초이니 일체 인민의 목적이 같음이오, 3. 우리 민국(民國)의 성립하고 못하기가 우리 합동 여부에 달렸슴이오, 4. 우리의 합동을 내지동포가 원함이오, 5. 우리의 합동을 각국 친구들이 충고함이며, 6. 우리의 합동을 적국이 두려워함이오, 7. 우리의 합동을 양심이 명령함이오, 8. 우리의 합동을 지혜가 가르침이오, 9. 우리의 합동을 지난 경력이 밝혀 보임이오, 10. 우리의 합동을 우리의 장래 이익이 요구하는지라…이상 열 가지 외에도 경제상으로나 덕의상으로나 정치상으로나 무엇으로나 우리가 마땅히 합동할 이유가 있고 합동하지 못할 이유는 다만 한 가지 뿐인데 이는 다름이 아니오. 다만 거짓 애국자와 가짜 지사들이 인도자의 명의를 가지고 저희세력을 도모하는 중에서 분렬이 생산되어 과거 4~5년간을 공파와 분쟁으로 국사에 해를 끼친지라.…모든 충량한 일반 인민이 합동 연탁하여 모든 사사 생각을 버리고 광복대사에만 전력할 지니 이것이 우리 일체 국민에게 있으며…우리의 대동단결할 방침은 인도자들에게도 얼마쯤 있거니와 다수히 우리 국민에게 달린지라.…피차에 시기와 오해를 버려서 믿고 협조하는 조직체를 이루는 것이 만만 시급하고 중요하니 우리 애국 제군은 이것으로 우리 광복대업에 제일 급선무로 알고 힘쓸지어다.[13)]

---

13) 리승만, 「해외한인연합」, 『태평양잡지』, 1923년 7월호, 10-11쪽 (영인합본 『태평양잡지』 1, 644-645쪽).

이승만은 늘 "한국의 독립을 회복하려면 한족이 속히 단합되어야 한다 함은 한인도 하는 말이오 타국인도 다 하는 말"이며, 정신가진 한인라면 이구동성으로 한족의 단합이 제일 큰 문제라고 말하면서도,[14] 해외 한족의 단합이 이루어지지 않고 있는 현실을 개탄했다. 그러면서 광복사업이 속히 이루어지고 한족의 자유가 속히 회복되려면 해외 한인연합이 조속히 이루어져야 하는데, 그것이 이루어지지 않고 있는 현실을 거듭 개탄하면서 "각처 공론이 거의 일치하여 현 정부 유지 하에서 광복대업을 진행하는 것이 유일한 양책이라 하니 민심이 천심이라 이 기회를 타서 해외한족의 대동단결을 촉성하자"[15]고 촉구했다.

그럼에도 불구하고 해외 한족들의 단합은 좀처럼 이루어지지 않았다. 『태평양잡지』 1923년 3월호에 한족 단합을 촉구하는 이승만의 글이 게재된 후 7년 반이 지난 1930년 9월에 발행된 『태평양잡지』에도 민족단결이 안 되는 것을 개탄하는 이승만의 글이 게재되었다. 그 글의 주요 부분은 다음과 같다.

> 우리 민족 2천만이 다 독립을 위하여 죽으려고는 하면서도 급기 단체를 이루어 다 함께 나가 적극과 싸우자는 자리에는 모두 다 냉담하여

---

14) 리승만, 「한족의 단합이 언제」, 『태평양잡지』, 1923년 3월호, 2쪽 (영인합본 『태평양잡지』 1, 596쪽).

15) 리승만, 「해외한인연합」, 『태평양잡지』, 1923년 7월호, 10쪽 (영인합본 『태평양잡지』 1, 644쪽),

> 단 10만 명이나 100만 명 이상이 함께 나가 싸워보지 못하고 앉았으니 이에서 더 기막힌 일이 어디 또 있을까? 우리 동지회가 나라를 위하여 죽고저하는 동지 100만 명을 모아 일시에 일어나서 독립을 찾자 하는 일에 어찌해서 이때까지 여러 만 명 동포 있는 원동에 기세를 확장치 못하며 미포(美布) 각지에서도 대대적으로 활동을 시작하여 보지 못하고 번번이 일어나려다가 주저 않고 나가보려다가 퇴보하고 마는 것은 그 이유가 다 어디 있는가? 다름 아니라 열 사람이 모여 단체를 주장하게 되면 열 사람 사이에 병통이 생기고 단 두 사람이 합하여 일을 같이하면 두 사람 사이에 또 풍이 일어나서 질서가 잡히지 못하고 정신을 차리지 못하게 되니 어느 겨를에 먼 지방을 경영하며 어느 겨를에 적국을 대항하여 보리요.[16)]

이승만은 1919년부터 민족단결을 주장해왔으므로 1930년 9월 이 글이 발표된 때까지 총 11년간을 민족단결을 주장하는 글을 써 온 것이다. 그럼에도 불구하고 해외 한족사회는 단결과는 먼 거리에 있었다.

이승만은 우리 한인들이 다 독립을 목적으로 삼고 단결을 주장하면서도 전혀 단결되지 못하고 독립운동이 헛바퀴만 도는 현상을 '기막힌 일'이라고 개탄했던 것이다. 이승만은 그런 기막힌 현상이 일어나게 된 원인을 다음과 같이 분석했다.

---

16) 리승만, 「기막힌 일」, 『태평양잡지』, 1930년 9월호, 14쪽 (영인합본 『태평양잡지』 2, 580쪽).

[조국의 독립이라는 목적을 같이하면서도] 우리 한인들이 합동되지 못하는 것은 무슨 연고인고? 사람마다 독립은 자기의 목적이라 하며 어찌하여 독립을 회복하는 운동에는 저마다 따로 하려 하며 피차 분쟁을 일삼으니 무슨 까닭인고?…해답은 '내'라 하는 글자 하나에 관계된다. 내 명예 내 권리 내 무엇 하는 것이 다 들어앉아서 형편과 경우를 따라가며 여러 가지로 변화하여 나오는데…그러고 본즉 목적이 같으면 하나가 된다는 철학도 이 자리에는 소용이 없고 민족이 합동치 못하면 독립이 더디 온다는 이론도 아무 힘없다. 다른 곳에서는 다 맞는 철학이 우리에게만 맞지 않을 이치가 있으리오. 응당 철학의 이치가 잘못된 것이 아니라 목적을 가진 사람의 심리가 좀 잘못된 것이다. 독립을 회복하는 것이 우리의 제일 큰 목적이라 하는 우리들의 맘이 아직도 독립열이 적고 사심이 많아서 무슨 일을 당할 때면 나라보다 내 몸이 앞서는 고로 자연히 이와 같이 되는 것을 깨닫지 목하고 연속하여 온 것이다.…우리가 이 병이 있는 고로 당초에 나라를 잃은 것이며 아직도 나라를 찾지 못한 것이라. 이 병을 고치기에는 아무 다른 방책이 없다.[17]

이승만은 5년 뒤에도 똑같은 주장을 한다. 그는 『태평양잡지』 1930년 9월호에 게재된 「기막힌 일」이란 제목의 글에서 우리 민족이 각 지방에서 여러 가지 독립운동 단체들을 만들고 민족 대표적 조직

17) 리승만, 「목적은 같으되 불합」, 『태평양잡지』, 1925년 7월호, 36-38쪽 (영인합본 『태평양잡지』 2, 220-222쪽).

까지 만들어 놓았는데, 그 단체들이 모두 표면만 그럴 듯 해보일 뿐 내실은 빈약하기 그지없어서 일본을 상대로 시비 한번 걸어보지 못하고 점점 퇴보하고 있음을 개탄했다. 그러면서 원인을 그 단체 구성원들이 "서로 내가 낫다 내가 높다 내가 더 잘한다 하여 서로 당기고 앉았었다가 한 사람이나 혹 두 세 사람이 기를 쓰고 끌고 나가서 타국인과 대적하려 하면 그 옆에 앉은 이들 사이에서 사심과 시기가 폭발하여 견디지 못하고 오래 뭉쳐 놓았던 것이 일시에 터져 나오는 고로 소장지변이 생겨서 전부가 별안간에 뒤집히게 되는 것이니, 이것이 개인의 신체에 고약한 병이 생겨서 진정할 수 없이 되는 것과 같은 것이라"[18]고 분석했다.

이승만은 이러한 분석을 토대로 우리 민족이 단결을 하려면 의식변화가 긴요하다고 처방했다. 그는 3 가지 의식변화를 제시했다. 이승만이 처방한 의식변화의 첫 번 째 항목은 '민족을 위해서 나를 희생하는' 의식을 가지라는 것이다. 이승만은 그것을 다음과 같이 설명했다.

> 오늘날 통일이 못 된다 단결이 못 된다 하는 것이 다 각각 나 한 사람의 책망인 줄을 깨닫고 위선 나 하나를 먼저 희생하여 민족 전체를 중하게 여겨야 비로소 한족의 생맥이 생길 것이다.…이것 한 가지가 먼저 생긴 후에야 한인 중에 참 위대한 인물도 날 것이오 비상한 사업

18) 리승만, 「기막힌 일」, 『태평양잡지』, 1930년 9월호, 13-14쪽 (영인합본 『태평양잡지』 2, 579-580쪽).

도 이룰 것이오 너나 할 것 없이 다 살 방책도 터질 것이다.…지금이 라도 한인들이 다 남과 같이 자유행복을 누리며 잘 살고 싶거든 다른 것 다 잊어버리고 애국애족하는 일단충심으로 모든 것을 다 희생할 만치 되어야 하리니 이것이 한인의 만병통치할 양약이오 회춘장성할 선약이라 하노라."[19]

이승만이 제시한 두 번 째 의식변화는 '토론으로 시간과 정력을 낭비하지 말고 그 시간과 정력을 실천에 투입하자'는 것이다. 이승만은 그것을 다음과 같이 설명했다.

의견을 한 번 정한 후에는 그 의견을 따라서 일을 해야지 일하는 대신에 의견만 고치려 들면 일을 시작할 수도 없고 시작해도 될 수도 없으니 한인사회에 일되기 어려운 것이 이 연고입니다.…지금부터는 각각 의견을 정지하고 어떠한 의견이든지 한 번 정했거든 그대로 따라 나가기를 힘쓰는 것이 가장 긴요한 줄로 깨달을 지라."[20]

이승만의 이 같은 주장은 한국인들이 통합이 안 되고 단체사업을 잘못하는 것은 일단 의견을 정해놓고도 그 정해진 의견에 따라 일을

---

19) 리승만, 「제일 급한 것」, 『태평양잡지』, 1924년 10월호, 6-7쪽 (영인합본 『태평양잡지』 2, 139-140쪽).

20) 리승만, 「의견 그만 두오」, 『태평양잡지』, 1930년 7월호, 14-15쪽 (영인합본 『태평양잡지』 2, 516-17쪽).

하지 않고 정해진 의견을 대상으로 시비 의견을 말하고 일을 하지 않기 때문이니 한인 통일이 되고 단체사업을 잘 해보려면 일단 의견이 정해지면 그 의견에 대해서 시비를 논하지 말고 정해진 의견에 따라 일을 열심히 하자는 호소이다.

이승만이 주장하는 의식변화의 마지막 사항은 지방색 혁파이다. 이승만은 지방색 혁파의 필요성을 다음과 같이 설명했다.

> 태평양잡지는 우리 대한 민족에게 일체로 권고하노니 지방관념으로 조직된 단체는 곳 민족을 분열하는 시초이며 국가를 무시하는 근본으로 알아 사당을 없이하여 대한 민당의 공공한 통일을 완성하는 것이 참 애국이오 참 애족으로 알도록 크게 선전하는 것이 가하다. 타도사람들이 먼저 지방사상을 버려서 지방사당을 혁파하여 조선당을 만들며 그 중에 어떤 개인이나 단체가 이런 사상을 고취하거든 이것을 즉 민족의 원수요 민국의 공적으로 알도록 만들지니 기호라 영남이라 함북이라 하는 구별의 조직체가 공공연하게든지 비밀리에든지 성립된 자 있거든 일일이 혁파하여 모당파로 하여금 구실을 삼을 자료가 없으며 사당을 성립할 기초가 스스로 없어지도록 만드는 것이 대한민족 통일책의 첫 걸음이다.[21]

---

21) 리승만, 「기호파가 무슨 파냐」, 『태평양잡지』, 1923년 7월호, 6쪽 (영인합본 『태평양잡지』 1, 640쪽).

| 제 4 장 |

독립운동에 있어서 통합적 민족주의 실천

이승만은 통합적 민족주의 노선에 따른 독립운동을 소리 높이 외쳤지만 그의 독립운동은 통합적 민족주의를 충실히 실천한 것은 아니었다. 그는 독립운동 초기부터 독립운동 방법론을 둘러싼 논쟁으로 하와이 교민사회를 분열시키고 절친한 동지와 의절했다.

이승만은 일본에 잃어버린 조국을 되찾기 위한 우리 민족의 효율적인 투쟁방법은 군사투쟁이 아니라 평화적 투쟁이라고 주장했다. 이승만은 자기가 생각하는 민족 독립운동 방법을 다음과 같이 제시했다.

> 대개 우리의 주의는 전쟁에 있지 않고 평화에 있나니 이는 우리가 담약한 마음으로 전쟁을 두려워서 이러함이 아니요. 다만 우리가 전쟁준비를 못하였은즉 남에게 질 줄을 알고서 남과 싸우려 하는 것은 심히 어리석은 일이라. 우리가 준비 차릴 동안에 아무쪼록 평화를 유지하는 것이 우리의 주의하는 바이다.…오늘날 한인이 당한 처지에서 군사 10만 명을 허비하더라도 능히 세상의 공론을 일으켜 일본으로 하여금 고개를 숙이게 만들지 못하였을 것이다. 몇 십 명의 교인이 의를 잡고 핍박을 당함으로 인연하여 각국의 공론을 일으켜 일본이 능히 씻지 못할 수욕을 당하게 할 수 있다. 이것이 곧 의리로써 세상을 이기는 능력의 증거이니 우리가 이 능력만 많이 배양하면 전쟁을 아니 하고라도 능히 우리의 문건을 회복할 수 있을지라. 이것을 우리의 이른바 피 아니 흘리는 전쟁이라 함이로다.…우리는 우리가 남과 싸우는 자가 되고저 함이 아니오 싸울 사람을 많이 마련하여 내세우려

> 는 함이니, 이는 우리가 싸우러 나가기 두려워서가 아니라 한 두 사람의 싸우는 힘이 여러 사람이 합동하여 싸우는 힘만 못한 것을 보는 연고라.…여러 가지 싸움을 담당할 만한 인재를 만들어 내어 여러 방면으로 세상에 나서서 일제히 싸우게 하려는 것이다.[1)]

이승만의 이 같은 독립운동노선을 흔히 외교투쟁론이라 하는데, 이 노선은 무장투쟁론자나 의열투쟁론자들로부터 비판을 받았다. 그러한 비판자들 가운데는 이승만과 의형제의 관계에 있었던 가까운 동지 박용만도 있었다. 강경한 무장투쟁론자인 박용만과 외교투쟁론자인 이승만은 1910년대 중반부터 격렬한 노선투쟁을 전개했고, 하와이 교민사회는 이승만을 지지하는 파와 박용만을 지지하는 파로 심각하게 분열되었다. 대립 끝에 박용만의 세력이 열세에 처하여 박용만은 하와이를 떠나고 말았다.

이승만의 통합적 민족주의 사상은 모든 독립운동세력에게 합동할 것을 호소하는 것이었으나, 이승만은 독립투쟁노선의 차이로 인해 이승만 자신이 '나의 동기 같이 지극히 사랑하는' 동지 박용만과도 합동하지 못했던 것이다.

민족의 단결을 제일 중요하게 생각하는 이승만의 통합적 민족주의 사상이 그의 독립운동에서 제대로 실천되는 것에 제약을 가한 또 하나의 요인은 공산주의세력과의 갈등이다.

---

1) 리승만, 「본잡지의 주의」, 『태평양잡지』, 1914년 2월호, 66-69쪽 (영인합본 『태평양잡지』 1, 300-303쪽).

이승만은 공산주의에 대해 일부 타당한 요소도 있으나 타당하지 못한 요소가 많다는 견해를 가지고 있었다. 그럼에도 불구하고 그는 "우리 한족에게 제일 급하고 제일 긴하고 제일 큰 것은 광복사업이라. 공산주의가 이 일을 도울 수 있으면 우리는 다 공산당 되기를 지체치 않으려니와 만일 이 일이 방해될 것 같으면 우리는 결코 찬성할 수 없노라"[2]는 신축적인 입장을 취하고 있었다. 공산주의가 이론적으로 타당하지 않은 점이 많은 사상이기는 하지만 그것이 우리 민족의 독립을 위해 도움이 되는 것이라면 공산주의세력과 연대할 수 있다는 것이 이승만의 입장이었던 것이다.

독립운동 초기 이승만은 이처럼 완강한 반공입장을 취하지 않았음에도 불구하고, 공산주의자들은 처음부터 이승만과 연대·협조할 생각이 없었다. 임정 내부 및 임정 주변의 공산주의자나 그 동조자들은 임정 초기부터 소련의 지원을 받으면서 이승만을 임정에서 거세하기 위한 공격을 전개했다. 최초의 한인 공산당인 한인사회당(하바로프스크) 및 고려공산당(상해)의 지도자이며 통합 임시정부의 초대 국무총리였던 이동휘와 그 주변 인사들은 상해 임시정부를 코민테른의 통제를 받는 단체로 만들기 위한 공작을 전개했으며, 그 공작의 최대 표적은 이승만 축출이었다.

이동휘는 임시정부 국무총리에 취임한 직후부터 상해 임시정부를 코민테른 지도를 받는 단체로 만들기 위한 공작을 적극적으로 전개

2) 리승만, 「공산당의 당 부당」, 『태평양잡지』, 1923년 3월호, 16-18쪽 (영인합본 『태평양잡지』 1, 610-612쪽).

했다. 이동휘는 임시정부 국무총리에 취임한 직후 임시정부를 코민테른의 지도를 받는 단체로 만들기 위한 소련의 공작금 지원을 요청하기 위해 대표를 모스크바에 파견했다. 소련공산당은 이동휘에게 당시로서는 매우 큰 자금인 총 40만 루블을 보내왔다. 그 자금의 용도를 둘러싸고 공산당과 임시정부가 대립했다. 임시정부 측은 그 돈을 임시정부에 내놓으라고 요구했고, 공산당은 그 자금을 자기들의 공작금으로 사용하려 했다. 이동휘는 자금의 독자적 사용을 위해 임시정부를 탈퇴하려 했으며,[3] 탈퇴의 명분을 확보하기 위해 임시정부가 수용하지 않을 것이 분명한 임시정부의 조직편제 개혁을 요청했다. 이동휘는 임시정부의 조직편제를 소련식 위원회 편제로 개혁할 것을 대통령 이승만에게 요청했고 이승만은 이를 거절했다. 이에 이동휘는 1921년 1월 임시정부 국무총리 직을 사임했다.

공산당은 소련이 보낸 40만 루블의 공작금을 이용하여 상해를 비롯한 중국 및 기타 지역의 독립운동가들 사이에서 영향력을 강화하면서 임시정부의 주도권을 장악하기 위한 사전공작을 전개했다.

1922년 1월 21~2월 2일 소련공산당의 지도에 따라 모스크바에서 극동인민대표대회가 개최되었다. 이 회의에 참석했던 이동휘, 여운형, 김규식, 박헌영 등 한인 대표단은 "상해 임시정부는 명칭만 과대하고 실력이 이에 따르지 못하므로 개혁할 필요가 있다"고 결의하여 전체회의의 승인을 받았다.[4] 개혁을 통해 공산주의자들이 얻고자 하

---

3) 김준엽 · 김창순, 『한국공산주의운동사』 1, 청계연구소, 1986, 218~219쪽.

4) 위의 책, 373~375쪽.

는 것은 임시정부의 헤게모니 장악이었다.

극동인민대표대회에 참가한 후 상해로 돌아온 인사들은 곧장 임시정부의 헤게모니 장악을 위한 개혁 공작을 개시했다. 공산주의자들은 이 공작에서 여운형을 선봉에 세웠다. 여운형의 노력으로 1922년 5월 임시정부 개혁을 논의하기 위한 국민대표회의 주비위원회가 결성되었다.

임시정부 구성원들은 국민대표회의 개최와 관련하여 두 개의 파로 분열되었다. 임시정부 내에서 이승만을 지지하는 기호파는 국민대표회의 개최에 반대했다. 그에 반해 임시정부 내의 안창호가 이끄는 서북파는 국민대표회의 개최를 지지했다. 안창호파의 협력에도 불구하고 공산주의자들의 국민대표회의 개최 공작은 큰 진전을 보지 못했다.

그러던 차에 1922년 11월 모스크바로부터 20만 루블의 공작금이 상해의 공산주의자들에게 추가로 도착했다. 임시정부는 다시 그 돈을 임시정부에 내놓으라고 요구했으나, 그 돈을 운반한 공산주의자들은 임시정부의 요구를 무시하고 그 돈을 국민대표회의 개최 공작을 진행 중인 여운형과 안창호에게 인계했다. 자금의 투입으로 국민대표회의 개최 공작은 활기를 회복하여 1923년 1월 상해에서 국민대표회의가 개막되었다.[5)]

임시정부 기호파가 배제된 가운데 개최된 국민대표회의의 참여자

5) 위의 책, 381~382쪽.

들은 대통령 이승만을 제거하자는데 합의했으나, 이승만을 제거한 후 임시정부를 구성하는 방법에 대해서는 합의를 보지 못하고 세 개의 파로 분열되었다. 여운형과 안창호를 중심으로 한 파는 임시정부를 그대로 두고 그 구성원들을 교체할 것을 추구했다. 그들을 개조파라 호칭했다. 원세훈, 신숙, 김규식을 중심으로 한 파는 임시정부를 완전히 해체하고 소련 영토에서 새로운 임시정부를 조직할 것을 추구했다. 그들을 창조파라고 호칭했다. 개조파나 창조파의 어느 쪽을 선택하는 것이 타당한지를 정하지 못한 부동층이 중간파를 형성했다.

공산주의자들 가운데 모스크바의 지시에 충실한 인사들(상해파 공산주의자들)은 개조파에 속했다. 공산주의세력과 민족주의세력의 연립정부를 구성하여 통일전선을 구축하라는 것이 모스크바의 지침이었기 때문이다. 모스크바의 의도를 제대로 파악하지 못한 소수의 공산주의자들(이르쿠츠파 공산주의자들)과 좌경 민족주의자 및 무장투쟁 우선론자들은 창조파에 속했다.

개조파와 창조파의 대립으로 국민대표회의가 마비상태에 빠진 가운데, 창조파가 중간파의 지지를 획득하여 창조파와 중간파만으로 일방적으로 회의를 개최하여 헌법을 제정하고, 그 헌법에 따라 임시정부에 대체될 정부인 '국민위원회'를 구성한 다음 국민대표회의를 폐회해버렸다.[6] 1923년 6월 7일에 일어난 일이다.

---

6) 창조파는 김규식을 수반으로 하는 국민위원회(혹은 '조선공화국')를 만들어 블라디보스톡으로 갔으나, 소련은 그들을 추방했다. 佐佐木春隆, 『韓國獨立運動の硏究』,

이승만은 임시정부의 대통령인 자기를 모독한 이런 행위들이 있었음에도 불구하고 상해에서 활동하는 정객들을 향해 "내가 세력을 잡아야겠다"는 유치한 사상을 버리고 당파를 혁파하여 임시정부를 중심으로 단결하자고 호소했다. 그 호소의 내용은 다음과 같다.

> 기왕에 잘못한 것은 다 물론하고 앞으로 잘 하여나갈 것만 연구할지라. 우리는 상해에서 연래로 풍파 양성하는 모모 인사에게 두어 마디로 충고합니다. 1. 각각 내가 무엇이 되어야 하겠다던지 내가 세력을 잡어야 되겠다는 유치한 사상은 다 버리고 다만 우리나라와 우리 민족이 어떠한 권리를 얻으며 어떠한 지위에 처하여야 되리라는 결심을 가질 것이며, 2. 각각 당파를 혁파하여 우리 당파가 권리를 독장하는 비루한 욕심을 다 버리고 다만 우리는 조선당 밖에 모르는 사람이 되어서 살아도 조선사람이오 죽어도 조선사람인 줄로만 알아서 2천만의 1분자 된 직책을 행하려 할지며, 3. 한인을 한인이 해하려고 허무한 악선전하는 폐습을 버리고 한인끼리 합동하여 공동한 적국을 해하는 대선전에 일심으로 합동할지며, 4. 한인의 피로써 성립한 단체를 저희가 임으로 주장하지 못한다고 다 파괴하여 없애려는 심장을 고쳐서 한 두 가지씩이라도 점점 건설 성립하여 나가기를 각각 자기의 의무로 여길지며,…[7)]

東京: 圖書刊行會, 1985, 278~279쪽.

7) 리승만, 「통일의 일 기회」, 『태평양잡지』, 1923년 7월호, 7-9쪽 (영인합본 『태평양잡지』 1, 641-642쪽).

그러나 이승만의 그러한 호소는 상해의 정객들에게 아무런 효과가 없었다. 국민대표회의가 변태적으로 폐회된 후 개조파는 임시정부 의정원을 통해 이승만을 몰아내고 임시정부를 개조하는 작업을 진행했다. 개조파는 다양한 공작을 통해 의정원에서 다수파를 형성하여 기호파를 제압하게 되었다.

다수파를 형성한 안창호세력(서북파)과 공산주의자들은 1924년 6월 16일 이승만의 대통령 권한을 정지시키기 위해 의정원에서 '임시대통령 유고안'을 통과시켰다. 그 다음 이러저러한 수순을 거친 끝에 1925년 3월 이승만에게 탄핵이라는 최후의 타격을 가했다. 이승만 탄핵은 3월 23일 최종 확인되었고, 의정원은 당일로 임시대통령 직무대리 박은식을 임시대통령에 선출했다. 뒤이어 이들은 임시정부의 헌법을 개정하여 대통령직을 없애고 국무령이 행정수반이 되는 내각책임제 정부형태를 도입했다.[8] 의정원은 이어 이승만이 워싱턴에 구성해 놓은 대한민국 구미위원부를 폐쇄하라는 명령을 공포하여 미국에서의 이승만의 독립운동 발판을 없애려 했다.

이러한 사건들의 진행과정상의 외양을 보면 이승만의 독립운동 관련 활동은 통합적 민족주의 사상과 거리가 있다. 이처럼 이승만의 활동은 통합적 민족주의와 일치하지 않았지만, 그러한 사건들에 대한 이승만의 반응은 통합적 민족주의에 일치했다.

---

8) 임시정부 의정원을 통한 개조파의 임시정부 개조 작업의 상세한 전개과정은 이현주, 「임시의정원 내 정치세력의 추이와 권력구도 변화(1919~1925)」, 『정신문화연구』, 제30권 제3호, 2007 가을호, 184~191쪽.

먼저 박용만과의 관계를 보면, 이승만은 박용만과의 갈등을 후회하는 뜻을 공개적으로 표명함으로써 민족통일 원칙을 존중했다. 이승만은 박용만과의 관계에 대해 다음과 같이 말했다.

> 나는 하와이에 온 것을 종종 후회할 때가 있었나니 이는 나의 동기같이 지극히 사랑하던 고 박용만 공과 길이 갈여서 원수 같이 싸운다는 누명을 쓰게 된 연고라. 일편단심에 은근히 바라기는 언제던지 나의 충정을 발표하여 모든 것을 해혹하고 연전히 악수병진(握手並進)할 날이 있으리라 함일너니 오호 통재라 지금은 왕사(往事)가 되고 말았으니 이렇게 될 줄을 진작 알았더라면 가시를 지고 사과하기를 지체치 안었으리로다."[9]

임시정부 의정원이 이승만을 탄핵한데 대한 이승만의 반응도 민족단결 원칙에 반하지 않았다. 임정 의정원을 장악한 개조파의 이승만 탄핵은 사유와 절차에 있어서 많은 문제점을 내포한 것이었다. 임시정부 내의 기호파 운동가들은 의정원의 그러한 조치를 무효화하기 위해 이승만이 대응조치를 취할 것을 촉구하는 서한을 이승만에게 보냈다. 예를 들면, 임시정부 구성원이었던 조소앙은 1925년 5월 이승만에게 서한을 보내어 이승만이 지시를 내리면 쿠데타를 일으켜 임시정부 의정원의 결정을 뒤엎을 용의가 있다는 점과, 이승만이 그

9) 리승만, 「하와이 한인 합동」, 『태평양잡지』, 1930년 5월호, 2쪽 (영인합본 『태평양잡지』 2, 446쪽).

런 일을 하기 싫으면 차선책으로 하와이에서 의정원을 소집하여 별도의 임시정부를 구성하라고 권고했다.10)

임시정부 의정원이 취한 탄핵의 부당성이나 당시 이박사가 가지고 있던 역량에 비추어 볼 때, 조소앙의 권고 중 쿠데타는 성공시킬 수 없더라도 하와이에 별도의 임시정부를 수립하는 것은 가능했다. 그러나 이 박사는 조소앙이 권고한 두 가지 조치 중 어느 하나도 취하지 않았다. 독립운동의 분열을 초래하고 싶지 않았기 때문이다. 뿐만 아니라, 이승만은 의정원의 탄핵을 수용하고, 탄핵 당한 후에도 임시정부의 일원으로 행동하면서 임시정부에 독립운동 자금을 보냈다.

공산주의자들과의 갈등에 대해서도 이승만은 민족단결 원칙을 존중했다. 그는 공산주의자들의 공작으로 인해 자기가 피해를 당했음에도 불구하고 독립운동을 전개하는데 있어서 공산주의자들을 배척하려는 생각을 가지지 않았다.

1928년 초 이승만의 추종자 윤치영은 뉴욕에서 한인 독립운동 단체를 조직함에 있어서 공산·사회주의자들과 함께 할 것인지 여부를 문의하는 서한을 이승만에게 보냈다. 이승만은 그에 대한 답장에서 "물질과 정신 양 방면에서 민중단결을 완성하는 것이 우리 광복사업의 제일보라고 생각합니다. 공산·사회주의자들과 함께 하는 것에 찬성하느냐 하는 문제에 대해서도 여러 동지들의 생각과 차이가 별로 없습니다.…주의의 풍조에 흔들려서 유산계급과 무산계급을 구별

10) 유영익 등 편, 『이승만 東文 서한집』 하, 연세대학교 출판부, 2009, 312~313쪽.

하여 우리 민족을 상호 분리케 하는 것은 독립운동을 방해하는 것이니 그것을 다 정지하여 포용과 상호 돕고 보호함으로써 우선 민족대단결을 이룩하여 우리 민족의 생명인 독립을 완성하자"[11]고 말했다.

한편, 1930년 이후 이승만이 전개한 하와이 한인단체 및 미주 한인단체의 통합노력은 그의 통합적 민족주의 사상과 일치한 것이었다고 할 수 있다. 이승만은 1920년 후반 이후 하와이 한인단체들의 통합을 위해 노력했으며, 1930년에 통합움직임이 일자 그런 움직임을 지원하기 위해 통합이 이루어진다면 자신의 영향 하에 있는 대한인교민단, 한인기독교회, 한인기독학원, 대한인동지회 등을 모두 통합단체 산하로 내놓겠다고 선언했다.[12] 이승만은 자기의 영향 하에 있는 『태평양잡지』에 기고한 논설을 통해 자기를 지지하는 교민단과 박용만계의 대조선독립단은 목적과 주의주장이 동일하므로 지난 날 갈등했던 일들을 잊어버리고 서로 양보하고 악수하여 한 길로 나가자고 호소했다.[13]

이승만의 이러한 노력에도 불구하고 하와이 한인단체의 통합은 성사되지 못했다. 자기의 거듭된 호소와 중재노력에도 불구하고 하와이 한인단체의 통합이 좌절되자 이승만은 1931년 하와이를 떠나

11) 『이승만 東文 서한집』 상, 92~93쪽.

12) 리승만, 「하와이 한인 통일에 대한 나의 태도」, 『태평양잡지』, 1930년 4월호, 26쪽 (영인합본 『태평양잡지』 2, 426쪽).

13) 리승만, 「하와이 한인 통일에 대한 나의 태도」, 『태평양잡지』, 1930년 4월호, 27쪽 (영인합본 『태평양잡지』 2, 427쪽)과 리승만, 「하와이 한인 합동」, 『태평양잡지』, 1930년 5월호, 3쪽 (영인합본 『태평양잡지』 2, 447쪽) 참조.

미본토로 갔다.

이승만을 지지하는 단체인 대한인동지회는 1933년부터 미주와 하와이의 독립운동단체들의 통합운동을 전개했다. 그 결과 동지회와 임시정부후원회, 대조선독립단 등 몇몇 동조 단체들이 합쳐서 한인연합협의위원회를 결성했다. 동지회는 한인연합협의위원회를 결성한 데 뒤이어 대한인국민회와의 통합을 추진했다. 1937년 통합이 거의 다 이루어졌다가 회장 선출방법에 대한 견해차이로 좌절되었다. 그러나 민족단결의 원칙을 관철하기 위한 동지회의 끈질긴 통합노력 끝에 1941년 4월 미주와 하와이 및 멕시코의 주요 한인단체들이 모두 참여하는 재미한족연합위원회가 결성되었다.

재미한인 독립운동가들은 단체들이 하나로 통일되어야 독립운동을 효과적으로 전개할 수 있다는 믿음을 가지고 있었다. 재미한족연합위원회의 결성은 '재미한인단체의 합동'이라는 한인들의 숙원을 달성한 것이었다. 그러나 한족연합회는 외형만 하나로 통일되었을 뿐 내부적으로는 기존 단체별로 계파 분열과 갈등이 심각했다. 결국 이승만계의 동지회 측과 반이승만계의 국민회측 간의 헤게모니 쟁탈전이 치열하게 전개되었으며, 그로 인해 독립운동이 오히려 차질을 빚었다.

재미한족연합회의 다수파인 국민회계는 주미외교위원부 위원장 이승만의 업무수행에 불만을 품고 1943년부터 이승만을 위원장에서 축출하는 것을 골자로 하는 주미외교위원부 개편을 추진했다. 이를 계기로 이승만을 위원장으로 하는 주미외교위원부를 지키려는 계파와 국민회계 간에 치열한 파벌투쟁이 전개되었다. 중국에 있는 임시 정부가 중재 노력을 전개했으나 효과가 없었다.[14)]

국민회계는 이승만을 주미외교위원부에서 축출하는데 실패하자 1944년 4월 미국정부를 상대로 한 외교활동을 전개하기 위해 워싱턴에 연합회의 사무실을 별도로 설치하기로 결정했다. 이로 인해 워싱턴에는 미국정부를 상대로 외교활동을 전개하는 한인대표단이 두 개(얼마 후에는 한길수파의 사무실까지 3개로 늘어나)로 분립되어 서로 헐뜯으며 경쟁적으로 활동하는 추한 꼴을 보이게 되었다.[15)]

결국, 독립운동을 효과적으로 전개하기 위해 이루어진 미주와 하와이 한인단체들의 통합은 오히려 독립운동의 효과를 약화시키는 형국이 되었다.

14) 고정휴, 『이승만과 한국독립운동』, 연세대학교 출판부, 2004, 260, 262-265쪽.
15) 위의 책, 169-170쪽.

| 제 5 장 |

건국과정에서의 이승만의 민족통합주의노선

이승만은 대한민국 건국과정에서도 독립운동과정에서와 동일하게 민족통합주의 노선에 입각하여 활동했다. 이승만은 1945년 10월 17일 귀국 후 가진 최초의 기자회견에서 "우리는 하루 빨리 뭉치고 대동단결하여 우리의 자주독립을 얻어야 한다.…우리가 당면한 문제 중 가장 긴급한 문제는 완전독립이 아닐까? 그러자면 하루 빨리 뭉쳐야 할 것이다. 한데 뭉치어 우리 땅 우리 국가를 찾아놓고 전인민의 총선거를 단행하여 새 국가를 세우지 않으면 안 될 줄 안다"[1]라고 선언했다.

이승만은 그날 저녁에 방송된 성명에서도 "모든 정당과 정파를 협동하여 한 개의 덩어리를 만들어가지고 우리 조선의 완전무결한 독립을 찾는다는 것이 나의 희망입니다. 지금 우리가 가진 기회는 전무하고 후무한 것입니다. 연합국 사람들이 한인들에게 한번 기회를 주고 보자는 것입니다. 우리들은 지금 모든 갈등과 사사관계를 다 없애버리고 강력한 정부의 수립으로 향하여 합력하면 다 잘 될 것을 내가 잘 압니다"[2]라고 말했다.

이승만은 독립운동 과정에서 민족이 대동단결하면 독립이 보다 빨리 이루어질 수 있다고 믿었던 것과 동일한 입장에서 해방 후에도 민족이 단결하면 완전한 자주독립이 조속히 이루어질 것으로 믿고, 좌·우·중도를 망라한 모든 정파를 규합하여 자주독립을 조속히 달성하는 계획을 추진했다. 그런 계획을 추진하려면 자기를 전폭적으

---

1) 양우정 편, 『독립로선의 승리』, 독립정신보급회 출판부, 1948, 95-96쪽.

2) 위의 책, 92쪽.

로 지지하는 우익세력과의 관계를 강화해야 하는 동시에 좌익과의 관계도 나쁘지 않게 유지해야 했다.

좌익과의 관계를 개선하기 위해 이승만은 좌익이 일방적으로 자기를 조선인민공화국 주석으로 선임한 것에 대해 거부하는 태도를 취하지 않은 채 방치했다. 동시에 이승만은 공산당에 대한 자기의 호감을 표시하는 방송연설을 했다. 10월 21일 방송된 라디오 방송에서 "나는 공산당에 대해 호감을 가지고 있는 사람입니다. 그 주의에 대하여도 찬성하므로 우리나라의 경제대책을 세울 때 공산주의를 채용할 점이 많이 있습니다"[3]라고 호감을 표시했다.

이승만은 또 10월 23일 민족의 대동단결을 통해 자주독립을 조속 실현하기 위한 모든 정파의 총망라 단체인 조선독립촉성중앙협의회(독촉중협) 결성을 위한 준비모임에서 좌우가 의견대립을 보이면 "공산주의든지 민주주의든지 서로서로 악수할 점이 있으면 지금은 무조건 악수하고 나갑시다"라고 양측의 대립을 만류하기도 했다.

이승만은 독립운동 과정에서 공산주의세력 및 좌경세력과의 좋지 못했던 경험으로 인해 2차대전 말기에 이르러서는 장차 조국이 해방된 후에 건국활동을 전개함에 있어서 공산주의세력과는 협조하지 않을 생각을 굳혔던 것으로 알려진다. 태평양전쟁이 끝난지 며칠 안 된 1945년 9월 초 어느 날 이승만은 그의 절친한 친구 올리버(Robert T. Oliver) 박사에게 자기는 앞으로 한국에서 좌우합작으로 이루어지

3) 『매일신보』, 1945년 10월 26일자 ; 우남실록편찬회 편, 『우남실록』, 열화당, 1976, 314쪽에서 재인용.

는 연립정부가 만들어질 경우 그에 참여하여 집권할 생각이 전혀 없다고 잘라 말했다.[4] 그러나 이승만은 민족의 대동단결에 의한 자주독립의 조속실현이란 대의를 위해 공산주의자들과는 상종하지 않겠다던 생각을 바꿔 우리 민족의 조속한 독립을 위해 공산주의자들과 협조하려는 태도를 적극적으로 표명한 것이다.

그러나 이승만이 주도한 대동단결에 의한 조속한 독립실현을 위한 독촉중협 사업은 공산당의 방해로 인해 좌절되었다. 공산당은 독촉중협의 완전한 결성에 앞서 친일파를 먼저 숙청하자고 고집하며 끝내 독촉중협에서 이탈했다. 해방 후 이승만이 추진한 민족통합주의 노선에 따른 건국 노력은 공산당이 좌절시킨 것이다.

공산당의 방해로 대동단결에 의한 조속 독립을 실현하려는 사업이 좌절된 데 분노한 이승만은 1945년 12월 17일 '공산당에 대한 나의 입장'이라는 방송연설에서 다음과 같이 공산당을 비판했다.

> 한국은 지금 우리 형편으로 공산당을 원치 않는다는 것을 우리는 세계 각국에 대하여 선언합니다.…소위 공화국이라는 명사를 조작하여 국민 전체에 분열상태를 세인에게 선전하기에 이르다가, 지금은 민중이 차차 깨어나서 공산에 대한 반동이 일어나매 간계를 써서 각처에 선전하기를 저들이 공산주의자가 아니요 민주주의자라 하여 민심을 현혹시키니 이 극렬분자들의 목적은 우리 독립국을 없이 해서 남의

4) 유영익, 『이승만의 삶과 꿈』, 중앙일보사, 1996, 202쪽.

노예로 만들고 저의 사욕을 채우려는 것을 누구나 볼 수 있는 것입니다.…이 분자들과 싸우는 방법은…종시 고치지 않고 파괴를 주장하는 자는 비록 친부형이나 친자질이라도 원수로 대해야 할 것입니다. 대의를 위해서는 애증과 친소를 돌아볼 수 없는 것입니다.5)

이승만은 독촉중협이 실패한 후 대동단결에 의한 통일과 건국을 추진하기 위해 1946년 6월 민족통일총본부를 설립했다. 이승만은 6월 29일 민족통일총본부 결성을 발표한 직후 가진 기자회견에서 다음과 같은 「민족통일 선언」을 발표했다.

광복대업을 완성하기에 민족통일이 최요(最要)이니 현 시국의 정세 총민의의 요망을 순응하여 민족통일총본부를 성립하고 이로써 대한민족이 다시 통일됨을 이에 선언한다. 본부의 주의는 다음과 같다. 안으로는 동족단결을 장려하여 파당적 구별이나 분열적 행동이 없기를 공도하며, 밖으로는 연합우방과 협동공작을 취하여 대업을 속성함. 금후부터는 모든 정당이나 단체가 다 전민족의 공의를 존중하여 통일전선을 장애나 방해하는 폐단이 없기를 기대한다.6)

이승만은 1946년 8월 19일 민족통일총본부의 활동과 관련하여 다음과 같이 말했다.

---

5) 『대동신문』, 1945년 12월 24일자 ; 『우남실록』, 349-351쪽에서 재인용.

6) 『서울신문』, 1946년 6월 30일자 ; 『우남실록』, 403쪽에서 재인용.

먼저 민족통일을 이룬 후에야 무엇을 하든지 공효(功效)가 속한 것이요, 통일이 못 되면 우리끼리 분쟁분열하는 중에서 아무것도 이루지 못하고 도리어 세인 이목에 수치를 면치 못할 것이다.…가령 정부 세우기로만 말할지라도 각 단체나 각 개인인 주의와 주견을 가지고 다투어 싸우게 되면 누가 능히 정부를 세우겠으며 세운다 한들 어찌 부지할 수 있으리오. 그러므로 우리가 통일을 이루어 먼저 독립 찾는 것으로만 목적을 삼고 다 한 길로 나가자.…모든 동포는 독립이 지체되는 것을 적정하지 말고 민족통일을 속성하기로만 노력하여…모든 단체나 개인을 다 화동해서 다 한 덩어리를 만들기로 노력하시오."[7)]

이승만의 이러한 발언은 그가 건국운동을 전개함에 있어서 독립운동 시기의 민족통합주의 노선을 견지하고 있음을 확인해 준다. 이승만은 그러한 담화에 이어 가진 기자회견에서 "민족통일을 달성하기 위해 좌우합작을 지지하겠다"는 취지의 발언도 했다.[8)]

이승만이 해방 후 건국활동을 함에 있어서 민족통일을 외면하고 오로지 남한에서 단독정부를 수립하는 데만 매진하여 민족분단을 초래했다고 주장하는 사람들이 많다. 그 사람들은 이승만의 이런 활동기록을 모르거나 무시한 데서 그런 오류를 범하고 있다.

이승만의 노력에도 불구하고 민족통일총본부의 통일활동은 신통한 결과를 내지 못했다. 민족통일총본부에는 좌익진영이 불참한 것

---

7) 양우정 편, 앞의 책, 115-116쪽.

8) 『우남실록』, 406쪽.

은 물론이고 미군정이 김규식 · 여운형의 좌우합작을 지원하기 위해 이승만의 활동을 견제했기 때문이다.

이승만은 1946년 2월 새로 건국될 국가가 지향해야 할 기본정책을 발표했다. 그 내용은 『독립정신』에서 피력한 정견, 독립운동 시기에 천명한 민족통합주의 논설들에서 단편적 · 원론적으로 천명했던 아이디어들을 구체화한 것이다. 이승만은 "모범적 국가를 만들자"란 제목의 방송연설을 통해서 새로 건국될 나라가 취해야 할 기본정책 32개항을 제시했다.[9] 이를 정치, 경제, 사회의 3개 부문별로 요약하면 다음과 같다. 그 주요 내용은 자유민주주의와 사회민주주의 및 노사협조주의를 혼합해 놓은 것이었다. 또한 그 내용에는 일제잔재의 척결과 토지개혁도 포함되었다. 이는 이승만이 건국 후 실천하고자 희망하는 정책이 어떤 하나의 이데올로기의 틀에 구속되지 않은 혼합정책이며, 그 목적이 민족 구성원들의 동질성과 단합에 있다는 것을 말해준다. 이러한 정신은 건국 직후 이승만이 제시한 일민주의에 그대로 반영되었다.

이승만은 당파싸움이 나라와 민주주의를 망치게 한다는 관념을 가지고 있었다. 그래서 그는 민족통합을 위해 당파를 만들지 않는 것을 솔선수범했다. 이승만은 귀국 직후부터 자기를 지도자로 하는 정당을 창당하자는 제의를 거부했고, 특정 정당의 영수로 추대되어도 그에 취임하지 않았다. 자기를 추종하는 세력만의 정당을 결성하는

9) 『우남실록』, 382-384쪽.

것은 자기가 비판해 온 당파싸움의 당사자로 나서는 것이었기 때문이다. 이승만이 정당 결성에 대한 부정적 태도는 1947년 12월 20일 발표한 「일심단결하여 독립을 완성하자」는 성명에 잘 나타난다. 그 성명의 내용은 다음과 같다.

> 정부 없는 백성으로서 정당을 만들어 서로 분쟁한다는 것은 너무나도 몽매하고 유치하여 남에게 부끄러울 일이다. 마땅히 당동벌이(黨同伐異)하는 편협한 사상을 초월해서 국권회복하기로만 유일한 목적을 삼아야 될 것이니 모든 정당이나 사회의 간부나 당원들은 다 한 번 크게 경성해서 각자의 주의주장을 버리고 다 같은 민족으로 다 같이 살자는 것만을 위하여 일심합력으로 대동단결을 이루어 우리를 방해하려는 외세를 죽기로서 대항해야 할 것이다. 정당싸움이 먼저 생기면 정부를 수립하기도 어려우려니와 수립하여도 보존하기 어려울 것이니 다 합하여 정부를 먼저 수립하고…그 후 정당을 세우면 비로소 효력이 다대할 것이다.[10]

이승만은 위 인용문에 나타난 정신에 따라 건국시기에 정당 만드는 것을 회피하고 초정당적으로 결성된 민중운동 단체만 조직하고 그 지도자 직책만 맡았다.

이승만은 이상과 같이 적극적으로 민족단합 사업을 전개하면서,

---

10) 『동아일보』, 1947년 12월 21일자 ; 『우남실록』, 498쪽에서 재인용.

동시에 남이 주도하는 민족단합 사업에도 협조적 입장을 취했다. 이승만은 김규식과 여운형을 중심으로 진행되는 좌우합작운동을 지지했다. 김·여의 좌우합작운동은 미군정이 신탁통치에 너무 완강하게 반대하는 이승만과 김구를 거세하기 위해 기획 지원한 것이었으나, 이승만은 초기에 그런 사실을 알지 못한 채 좌우합작을 지지했다. 이승만은 좌우합작운동이 성공하지 못할 것을 예측하면서 그것이 잘되면 민족단합에 기여할 수 있을 것이라는 기대 때문이었다.[11)]

이승만은 또 김구·김규식의 남북협상 참여에 대해서도 그것이 공산주의세력의 공산화통일 계획에 이용당하는 것이라는 점을 잘 알면서도, 남북협상에는 민족분단 방지라는 명분이 걸려 있기 때문에 그에 대해 강경한 반대나 저지를 하지 않았다. 이승만은 남북 요인회담에 대하여 찬성하지 않으나 "이 문제가 총선거에 지장이 있거나 시일을 지연시키는 폐단이 없다면 방임한다"는 입장을 취했다.[12)] 이승만의 이러한 입장표명이 있기 4일 전 김구는 「삼천만 동포에 읍고함」이라는 성명을 발표하여 남한총선을 추진 중인 이승만을 지칭하여 "미군 주둔 연장을 자기네의 생명 연장으로 인식하는 무지몰각한 도배들", "국가 민족의 이익을 염두에 두지 아니하고 박테리아가 태양을 싫어함이나 다름이 없이 통일정부 수립을 두려워하는 자들", '매

11) 이승만은 좌우합작운동이 개시되기 전 김규식을 찾아가 미군정의 요구대로 좌우합작운동에 나서도록 당부했고, 그것이 교착상태에 처했을 때는 김구와 더불어 좌우합작을 위해 노력해주도록 공개 지원했다. 좌우합작운동에 대한 이승만의 태도에 관한 설명은 양동안, 『대한민국 건국사』, 현음사, 2001, 259-260쪽.

12) 『경향신문』, 1948년 2월 15일자 ; 『우남실록』, 510쪽에서 재인용.

국매족의 일진회식 선각자', '자손만대의 죄인이 될 사람'이라는 욕설을 퍼부었다. 그에 비추어 볼 때, 남북협상에 대한 이승만의 논평은 그에 아랑곳하지 않은 온건한 논평이었다.

이승만은 남북협상에 참여하려는 김구에 대해 시종일관 인내심을 발휘하며 설득하고 포용하려는 노력을 전개했다. 이승만은 김구가 평양으로 가는 마지막 순간까지 다양한 조건을 제시하면서 김구를 만류하려 했다. 이승만은 이 때, 김구에게 남북협상을 하려면 남한에서 선거가 끝난 후에 자기와 함께 하자고 설득하기도 했고, 자기도 양김과 함께 남북협상에 참여한 터이니 양김도 5・10선거에 참여히라고 제안하기도 했다.[13] 이승만의 이러한 김구 끌어안기는 성공하지 못하고 김구는 끝내 평양에 갔다.

김구와 김규식이 평양 남북협상회의에 참석하여 북한 공산화를 찬양하고 남북을 공산화통일하는 것을 간접적으로 지지하는 문서들을 채택하는 등 과오를 범해도 이승만은 그들을 강경하게 비판하지 않았다. 김구와 김규식의 과오에 대해 이승만은 "남조선에서 북행한 정치가들이 북조선의 김일성 씨와 자기 마음대로 협상할 수 있다고 생각하였다면 너무나 어리석은 일이라고 본다.…금번 남북협상은 소련에게 이용당한 결과 이외에는 하등의 결과도 재래(齎來)할 것이 없을 것이다"라고 온건하게 논평했다.

이상에서 살펴본 바대로 이승만이 건국시기에도 민족통합주의 노

13) 양동안, 『대한민국 건국사』, 431-432, 480-481쪽.

선을 유지했다면, 독촉중협 실패 후 그가 취해온 강경한 반공입장, 정읍발언과 그에 뒤이은 남한 정부 수립운동, 남북협상에 대한 외면, 남한 정부수립 관철 등 결과적으로 민족분열·분단을 고착시킨 이승만의 활동은 그가 천명해 온 민족통합주의 노선과 어떤 관계에 있는가? 필자의 생각에는 그러한 조치들은 모두 이승만의 민족통합주의 노선과 배치되지 않는 것으로 판단된다.

첫째, 공산당의 방해로 민족단합적 독립추진체인 독촉중협이 좌절된 후 이승만이 취한 반공입장은 민족의 분열을 추구하는 공격적인 것이 아니라 공산당이 민족의 단합을 방해한데 대한 방어적인 반공이기 때문에 민족통합주의 노선과 배치되지 않는다. 민족의 단합을 추구하려는 사람이 그러한 단합을 방해하는 사람을 만났을 때 그에 반대하는 것은 민족의 단합을 위해 꼭 필요한 것이다. 공산당만 빼고 나머지 사람들이 다 뭉친다면, 공산당을 포함하여 뭉친 것보다는 못하지만 차선책은 된다. 공산당이 민족단합을 방해하는 데, 공산당과 함께 뭉칠 것을 기대하며 공산당을 반대하지 않는 것은 민족단합을 전면적으로 포기하는 것이나 다름없다. 이승만의 반공은 '분열지향적 반공'이 아니라 '통합지향적 반공'이라고 할 수 있다.

둘째, 정읍발언과 그에 뒤이은 남한정부 수립운동은 소련군에 의해 38선이 봉쇄된 가운데 북한 지역에 단독정부가 설립되고 공산화가 진행되는 정세 속에서 남한의 정치안정과 공산화 방지를 위한 것이었지 민족을 분단시키기 위한 것이 아니었으므로 민족통합주의 노선과 배치되지 않는다.

1946년 2월 8일에 설립된 북조선임시인민위원회는 북한 지역의 임시정부임이 분명하다. 북한 지역에 그런 임시정부가 단독으로 설립되고, 그 정부의 지휘 아래 토지개혁, 중요산업 국유화, 반공인사 숙청, 공산주의자 양성(민족간부 양성), 사회주의교육 실시 등 공산화(민주개혁) 조치들이 급속하게 진행되고 있는데, 남한에는 우리 민족의 정부가 없이 미군정이 지배하면서 남한까지 공산화하려는 공산세력의 공세에 제대로 대응하지 못하고 있었다. 이런 상황에서 남한의 정치상황을 안정시키고 남한의 공산화를 방지하려면 남한에 북한 공산정권에 맞설 정부를 수립하는 것이 긴요했다. 그래서 이승만은 남한에 정부를 수립할 것을 제안하는 정읍발언을 하게 되었고, 그 후 남한 지역의 정부수립 운동을 추진했던 것이다.

이승만은 자기의 이러한 남한정부 수립노선을 "어느 사람이 반은 살고 반은 죽었는데 그 죽은 부분을 살리기 위하여 산 부분에 약치료를 하면 죽은 부분도 살 수 있다. 현재 조선은 일부는 살고 일부는 죽고 있다. 산 부분인 남조선에 우선 총선거를 실시하여 장차 전조선 총선거를 실시하면 [전]조선은 살 수도 있다"[14]라고 설명했다. 그는 또 다음과 같이 말하기도 했다.

> 선거를 반대하는 사람들은…인심을 현혹시켜, 총선거도 말고 정부도 수립하지 말고 가만히 앉았다가 공산화하고 말자는 것이다.…남조선

14) 『경향신문』, 1947년 12월 27일자 ; 『우남실록』, 499쪽에서 재인용.

에 정부 수립이 되면 남북 분열은 영구히 인정하는 것으로 남북이 병행할 수 없으므로 총선거를 지지할 수 없다는 말이 있으나 이는 사리에 당치 않은 말이다. 사람의 몸에 한 편이 죽어가는 경우에는 살아있는 편이라도 완전히 살려서 죽은 편을 살리기를 꾀할 것인데 다른 방책 없이 운명을 기다리고 있다면 살아 있는 편까지 마저 죽어 버리[게 될 것이다.]"15)

이러한 생각에 따른 이승만의 남한정부 수립운동은 공산화통일을 희망하는 쪽에서 보면 분단을 초래하는 것이다. 그러나 공산화통일을 반대하는 쪽에서 보면 분단을 초래하는 것이 아니라 비공산화통일을 위한 근거지를 구축하기 위한 통일지향적인 것이다. 진정한 민족통합은 모든 사상의 자유가 보장되는 민족단합이지, 공산주의 사상에만 자유가 보장되고 나머지 사상은 모든 탄압받는 공산화통일은 진정한 민족통합이 아니다. 따라서 공산화통일을 반대하는 이승만의 투쟁은 민족통합주의와 모순되지 않는다.

셋째, 이승만이 남북협상을 외면한 것은 그것이 공산화통일에 기여할 뿐 올바른 민족단합에는 지장을 줄 것이라는 판단 때문이었으므로 남북협상을 외면한 이승만의 행동은 민족통합주의 노선에 배치되지 않는다.

남북협상은 1947년 9월 제2차 미소공동위원회가 최종 결렬될 무

---

15) 『동아일보』, 1948년 3월 2일자 ; 『우남실록』, 515쪽에서 재인용.

렵, 한국독립문제를 유엔총회에 상정시킨 미국의 조치에 반대하여 소련이 제안한 것과 연결된 것이다. 소련은 한국문제를 유엔총회에서 논의하지 말고 한반도에서 미·소군을 조기에 철수한 후 한국문제를 한국인들끼리 처리하도록 하자고 제안했다. 소련의 제안은 당시의 한반도 정세에서는 공산화통일의 길을 열어주는 것이었다.

당시 북한에서는 공산정권이 안정되어 있었고 정권의 군사력도 강화되어 있었는데, 남한에서는 민족의 정부가 없이 미군정이 무능하게 통치를 하고 있었으며 좌우 사상대립으로 정치혼란이 심각했다. 이러한 상황에서 미군과 소련군이 철수하고 나면, 북한에는 권력공백이 발생하지 않지만 남한에서는 권력공백이 발생하여 혼란이 심하고 미군의 지원을 받던 우익세력은 크게 약해질 것이다.

이런 조건에서 남북한의 정치세력들이 회의를 개최하면 북한의 좌익과 남한의 좌익이 합세하여 남한의 우익을 압도할 것이고, 회의를 통한 좌익의 압력행사가 여의치 않게 되면 북한 군대와 남한 공산세력이 동원한 군중의 힘으로 좌익의 주장을 관철하려 할 것이다. 바로 이러한 전망 하에 소련은 그런 제안을 한 것이고, 김일성은 소련의 제안을 실현하기 위한 남북한의 정당·사회단체회의를 개최하자고 제안했다. 북한 공작원들에 의해 조종되고 있던 남한의 좌경중도파 군사정당들도 소련의 제안을 받아들일 것과 남북협상을 개최할 것을 제안했다.

남북의 좌익세력은 김구와 김규식을 남북협상 프레임에 끌어들이기 위해 다양한 공작을 전개했으며 1948년 1월 하순 김구와 김규식이 남북협상 공작에 참여했다. 남북의 공산세력과 남한 내 남북협상 동조세력은 남북협상을 내걸고 유엔이 결의한 남한 총선을 저지한 후 남한의 반공-우익세력을 배제한 남북통일을 실현하려 했다. 이승만은 남북협상의 본질이 이러한 것임을 잘 알았기 때문에 남북협상을 외면한 것이있다. 게다가 북한은 남북협상에 참여할 남한의 정당 사회단체를 남한총선에 반대하는 정당 사회단체로 한정했기 때문에 이승만은 남북협상에 참여하려도 할 수 없었다.

넷째, 이승만이 남한만의 총선을 반대하는 세력들과의 협상과 합의를 외면하고 유엔결의에 따라 남한총선을 강행한 것은 남한총선 반대세력이 협상을 통해 합의를 도출해낼 수 있는 대상들이 아니라 북한 공산정권의 동맹세력이었다는 점에 비추어 보면 민족통합주의 노선에 배치되지 않는다.

남로당과 그 외곽세력, 북한공작원들에 의해 조종되는 군소 좌경 중도정당들은 이승만 · 한민당과 공존 불가능한 북한 공산정권의 추종단체였고, 남북협상을 주장하며 이승만과 결별한 김구 · 김규식세력은 적어도 몇 개월 동안은 이승만세력과 화해할 수 없는 세력이었다. 당시 남한의 정세는 심한 혼란 상태였고, 그것의 연장은 남한마저 공산화될 가능성을 높여주는 것이었다. 공산화를 면하려면 하루라도 빨리 정부를 수립하여야 하는 그 시점에서 이미 몇 차례의 경험을 통해 우익진영과의 합리적 타협을 외면하는 것으로 판명된 공산주의세력과의 합의를 모색하기 위해 협상을 추진한다면서 총선 실시를 반대하는 세력과 총선추진세력이 총선을 연기하면서 합의를 모색하기 위한 협상을 진행한다는 것은 어리석은 일이었다.

이승만은 1948년 봄 총선반대세력과 협상하지 않고 강력하게 총선을 밀어붙일 것에 대해 다음과 같이 말했다.

> 무슨 장애가 있든지 밀고나가야 될 것이다. 이 말 저 말 다 듣고 아무것도 못하고 앉았다가 마침내 다 공산화하고 말 것이니 천인만인 다 한 마음 한 뜻으로 나가서 순조로이 독립하려면 우리는 독립할 날이 없을 것이다. 170년 전에 미국이 독립할 적에 전 민족이 다 한 마음 한 뜻으로 된 것이 아니요. 아비와 형은 영국에 충성해야 한다 하고 그 자제들은 독립해야 한다 해서 부자간에 형제간에 전쟁하여 가지고 [독립이] 된 것이다.[16]

위의 인용문은 모든 정치세력이 전원 합의하는 방법으로 독립을 확보하려면 영원히 독립이 불가능할 것이므로 김구·김규식세력이 공산주의세력의 유인에 끌려 남북협상에 참여한다면서 남한 총선을 반대하더라도 남한 공산화 방지를 위해서는 그들을 무시하고 총선실시 → 독립확보의 길을 가야 한다는 점을 역설한 것이다. 실제로 어떤 국가에서건 아무리 좋은 일이라도 전체 국민의 합의 하에 추진되는 일은 기대할 수 없는 것이다. 따라서 실현 불가능한 합의를 기다리지 않고 총선을 추진한 것은 민족통합주의 노선에 반하는 것이라 할 수 없다.

---

16)『동아일보』, 1948년 2월 24일자 ;『우남실록』, 511쪽에서 재인용.

| 제 6 장 |

일민주주의 : 민족통합주의의 이론화

이승만은 1949년 6월 자신의 통치이념을 명시하기 위해 일민주의를 제창했다. 일민주의 제창은 소책자 발행의 형태를 취했다. 이 박사가 일민주의를 제창하기 위해 발행한 소책자는 『일민주의 개술』(일민주의보급회, 1949)이다. 이승만이 저자로 기록된 『일민주의 개술』은 매우 허술한 도서이다. 도서라기보다는 이 박사가 산만하게 구술한 것을 정리한 두 편의 짧은 글과 강령 4개항으로 구성된 소책자이다. 서술 내용은 비논리적이고 비체계적이다. 그러나 그 내용을 정리해 보면 독립운동 기간에 줄곧 주장해 온 민족통합(단결) 이념의 철학적 내용이 담겨있다.

이승만의 일민주의는 우리 민족은 혈통이 단일한 단일민족이며, 단일민족은 운명을 같이 한다는 관념에서부터 출발한다.[1] 이승만은 일민주의를 주창함에 있어서 민족 구성원들이 동질성을 가지고 함께 뭉쳐 있어야 할 것인데, 그 동안 내부의 신분차별, 빈부불평등, 지역감정, 남녀구별 등으로 인해 운명공동체 구성원들로서의 동질성과 단합을 상실하게 된 데 대한 반성에서부터 출발한다. 그에 따르면, 우리 민족은 단일민족이기 때문에 모든 면에 있어서 하나여야 하는데 전술한 4개 요인들 때문에 그렇지 못하게 되었다는 점을 다음과 같이 설명했다.

우리는 본대 오랜 역사를 가진 단일한 민족으로서 언제나 하나요 둘

1) 안호상, 『일민주의의 본바탕』, 일민주의연구소, 1950, 29-30쪽.

이 아니다. 이 하나인 우리 민족은 무엇에 있어서고 하나이어야 한다. 그러나 귀천계급의 독해가 민족을 찌졌었고 빈부 등차의 폐가 민족을 갈랐었다. 지역적 관념이 생기게 된지라 민족이 그 하나를 잃게 되고, 남녀구별이 있었던지라 민족이 그 하나에서 떠나게 되었다."[2)]

이 인용문에서 중요한 단어는 '하나'이다. 여기서의 '하나'는 3 가지 의미를 갖는다. 첫째는 물건 개수의 하나를 의미하고, 둘째는 동일함을 의미하며, 셋째는 통합을 의미한다. '하나'가 가지는 3 가지 의미에 따라 위 인용문을 정리하면 아래와 같이 된다.

우리는 본래 오랜 역사를 가진 단일한 민족으로서 언제나 동일한 통합체요 분열된 집단이 아니다. 이 동일하고 통합된 우리 민족은 무슨 부문에 있어서고 동일하고 통합되어야 한다. 그 동안 귀천계급, 빈부 불평등, 지역감정 남녀구별 등으로 인해 우리 민족이 동일성을 상실하고 분열되었다.

이승만은 우리 민족은 오랜 역사를 가진 단일민족이기 때문에 한때 이민족의 지배를 받게 되더라도 결코 다른 민족에 동화되지 않고 끝내는 단결하여 독립하게 된다고 주장하면서, 자기는 조선이 일본의 식민지가 된 후 일민주의를 믿고 독립운동을 전개했다고 술회했다.

2) 이승만, 『일민주의 개술』, 일민주의보급회, 1949, 4쪽.

그 점을 다음과 같이 설명했다.

> 오랜 역사를 가진 언제나 하나인 우리 민족은 결코 이류(異類)에게 물들리가 없다. 내가 서거니 누가 나를 거꾸러 뜨리랴. 우선 지역적 관념을 없애서 우리가 하나됨을 억세게 하고, 남녀 구별을 말아서 우리가 하나 됨으로 붙돗게 하자 하였으니, 이 두 가지는 우리 독립운동 초기에 있어서부터 실천하려 한 바요, 귀천계급의 제거와 빈부차등의 근절 같은 것은 이념의 체계화로부터 체계의 실현화에 미치게까지 우리 운동의 보철(步轍)에 맞추어서 일층 우일층 금일이 현상(現狀)을 나타내게 된 것이니 이 '일민'(一民)이라는 두 글자는 나의 오십년 운동의 출발이요 귀추이다.[3]

이승만이 독립운동 시기에 지침으로 천명했던 민족통합주의가 대한민국 건국 후 국가운영의 사상으로서 일민주의가 된 것이다.

이승만은 우리 민족의 역사 속에는 단일민족의 정신이 관통하고 있다고 주장하면서, 그러나 단순히 단일민족이면 별 가치가 없으며, 단일함 속에 동질성과 전체적 생활수준 상승이 이뤄져야 한다고 강조했다. 그 점을 다음과 같이 말했다.

> 하나인 민족으로써 무엇에고 또 어느 때고 둘이 있을 수가 없다. 계급

3) 위의 책, 6-7쪽.

> 이 없어야 하며 차등이 없어야 한다. 하나이거니 지역이란 무엇이며 하나이거니 남녀란 무엇이냐. 다만 하나이면서라도 그대로의 하나만이라면 나는 만족하지 아니한다. 오늘날은 정(正)히 우리 민족 국가의 첫날이라 귀천의 계급만을 없애자는 것이 아니라 우리 민족 전체를 통하여 고등의 대우를 받게 하여야 하며 빈부의 등차만을 없이하자는 것이 아니라 우리 민족 전체를 통하여 부요(富饒)한 생활을 하게 하여야 할 것이다.[4)]

위 인용문은 일민주의가 지향하는 바가 단지 단결과 차별철폐와 평등실현이 아니라 민족 구성원 전체가 부유하고 풍요한 생활을 영위하도록 하는 것임을 말하고 있다. 우리 민족은 단일민족으로서 운명공동체이기 때문에 우리 민족의 모든 구성원들은 다 같이 잘 살자는 것이 일민주의라는 것이다.

그러면서도 이승만은 일민주의의 핵심을 하나로 뭉치는 것이라고 제시했다. "헤어지면 죽고 뭉치면 산다"는 구호로 요약할 수 있는 일민주의의 정수를 이승만은 다음과 같이 설명했다.

> 우리 민족은 하나다. 국토도 하나요, 정신도 하나요, 생활에도 하나요, 대우에도 하나요, 정치상 문화상 무엇에도 하나다. 하나가 미처 되지 못한 바 있으면 하나를 만들어야 하고 하나를 만드는 데에 장애가 있

4) 위의 책, 9쪽.

> 으면 이를 제거하여야 한다. 누구든지 독자의 일념이 일어날 때 이 하나에 위반되는 바 있거든 곧 버리라.…헤어지면 죽고 뭉치면 산다. 나뉘어지는 데서 죽고 하나 됨(一)에서 산다."[5]

일민주의의 핵심이 하나로 뭉치는 것이라는 점을 일민주의 해설자인 안호상(당시 문교부장관)은 "일민주의는 민족의 통일 협동이 저의 본뜻인 까닭에 일민주의의 지도자와 신종자(信從者)는 제 마음속에서 일어나는 분열심을 없앰은 물론이려니와 외부에서 일으키는 그 분열까지 배격한다"[6]라고 설명했다.

이승만은 일민주의의 구체적 실천 내용으로 4대 정강을 제시했다. 이승만의 『일민주의 개술』, 17-23쪽에 서술된 일민주의의 4대 정강 내용은 다음과 같다.

(1) 양반과 상민의 구별을 없이하여 등급이나 계급을 물론하고 동등의 권리를 누리게 하자는 것이다. 이것은 한 나라 한 법률 밑에서 한 민족으로 합동단결하여 영원한 복리를 다 같이 누리자는 의미이다.

(2) 빈부가 동등으로 구별 없이 천조(天造)의 물질을 발전시켜 모든 복리를 누리며 동등권리를 가져서 부요한 자는 대대로 부유하게 살고, 노동과 사역에 복종하는 자는 노예나 우마(牛馬)같은 대우를 받던 폐단을 없이하므로 다 같은 복리를 누리자는 것이다. 부

5) 위의 책, 9-10쪽.

6) 안호상, 앞의 책, 24-25쪽,

자가 재산세력만 믿고 노동근로로만 생활하는 동포를 학대하는 폐단을 막으며 노동자가 재정가를 미워하는 태도를 갖지 말고 평균한 이익을 누리도록 합동진행(合同進行)해서 서로 도우며 보호하기를 힘쓰자는 것이다.

(3) 남녀동등을 실현한다.

(4) 지방 구별을 삭제해서 남북이니 경향이니 하는 차별적 습관을 버리고 다 한 동족 한 백성으로 사오천년 유전하여 온 통일정신을 발휘해서 한 마음 한 뜻으로 국가의 행복을 도모하며 서로 도와주고 함께 제휴하여 전 민족이 한덩어리가 되자는 것이다.…어떤 개인이나 어떤 단체에서 지방열(地方熱)을 고취하거나 자기들끼리만 이익이나 권리를 도모하자는 의도가 있으면 어디 사람을 물론하고 전국 민중이 합동적(合同的)으로 성토해서 그런 의사를 꺾어야 할 것이다.

위 4대 정강과 관련하여 두 가지 사항을 주목할 필요가 있다. 그 하나는 일민주의의 4대 정강 속에 개인의 자유와 재산권을 보장하는 항목이 없다는 점이다. 이 점은 이승만의 일민주의 곧 민족통합주의가 개인의 자유와 재산권 보장을 국가의 이익 또는 공익의 하위 가치로 생각하고 있음을 나타내는 것이다. 이는 본서의 2장과 3장에서 서술한 이승만의 호국사상 및 민족통합 사상 속의 국익 · 공익우선 관념과 국가와 민족을 위한 개인의 희생을 당연시하는 관념을 계승한 것이다.

다른 하나는 (2)항의 내용이다. 이 항목은 자본가와 노동자가 피차 착취와 증오의 태도를 버리고 공존과 협동을 통한 공영을 추구할 것을 촉구하는 것이다. 일민주의가 계급간의 협동·공영을 주장하는 것은 일민주의가 계급대결을 주장하는 공산주의와 대결하기 위한 사상무기라는 점을 확인해 준다. 일민주의가 공산주의와 대결하기 위해 마련된 사상무기라는 점을 이승만은 다음과 같이 서술했다.

> 나라마다 각각 저희를 위하여 [공산당과] 싸우는 것 같이 우리도 우리를 위해서 공산당과 싸우는 것이니, 이 싸움이 아직은 사상적 싸움이므로…사상으로 사상을 대항하는 싸움이 되는 것이니, 민주주의로 공산주의를 대항하는 것은 [민주주의] 사상이 너무 평범해서 이론상 엄밀한 조리에 들어서는 공산주의 선전을 대항하기에 어려울 것이므로 일민주의 하에서 4대 정강을 정하여 한 정당을 세워 일변으로는 공산화를 배척하며 일변으로는 민주주의의 영구한 토대를 삼기로 한 것이다.[7)]

일민주의가 공산주의와의 대결에서 우위를 차지할 수 있는 사상무기인지는 의심스런 점이 많지만, 계급대립을 부정하고 계급 간의 공존과 협동에 의한 공영을 추구하고, 단지 평등을 실현하는데 그치지 않고 모든 국민이 다 같이 부요한 생활을 누릴 것을 추구한다는 정강은 노동자와 빈곤계층에서 공산주의의 호소력을 약화시키는 작용을 할 수 있을 것이다.

---

7) 리승만, 앞의 책, 16-17쪽.

일민주의는 공산당 빼고 다 하나가 되자는 사상이다. 그런 점에서 일민주의는 대동단결 사상이라고 말할 수 있다. 비록 공산당은 제외하지만 민족의 구성원들이 모든 차별과 불평등을 타파하고 동질적인 생활을 하면서 단합할 것을 추구하는 것이기 때문이다. 그런 탓으로 해서 일민주의는 1당 민주주의를 추구한다. 이승만은 다수의 정당이 경쟁하면 분열적 당파싸움이 초래될 것이며 당파싸움이 진행되면 나라가 망할 것으로 생각했다. 그래서 이승만은 모든 정당들이 일민주의를 신봉하는 하나의 정당으로 통합되어 1당 민주주의를 실현하게 되면, 한편으로는 공산주의를 효과적으로 물리칠 수 있고 다른 한편으로는 민주주의의 토대가 공고해질 것이라고 생각했던 것이다. 이승만은 미국의 초대 대통령 조지 워싱턴처럼 민주주의자이면서도 경쟁적 정당제도에 대해서는 부정적 견해를 가지고 있었다. 이승만은 그런 생각을 다음과 같이 피력했다.

> 이 [일민]주의로서 한 정당이 참으로 4대정강을 실시해보자는 계획이었으나…정당이라는 조직만 중요시해서…그 기본 되는 주의를 저버리고 당파적 사상이 현고(顯固)해서 서로 시기와 투쟁을 먼저 일삼나니 그럼으로 우리는 정당주의(政黨主義)를 아직 정지하고 이 주의만을 발전시켜서 모든 동포가 일민주의를 철저히 이해함으로서 삼천만으로 우리 삼천만의 행복을 같이 도모하자…[8]

---

8) 위의 책, 23-24쪽.

| 제7장 |

건국초기 민족통합주의 노선의 실천

이승만은 집권 후 민족통합주의 또는 일민주의 노선을 실천하려는 의지를 나타냈다. 그러한 의지는 1948년 8월 15일 대한민국 정부수립 기념식에서 발표한 이승만의 기념사 속에 다음과 같은 내용으로 나타났다.

> 정부에서 가장 전력하려는 바는 도시에서나 농촌에서나 근로하며 공생하는 동포들의 생활정도를 개량하는데 있는 것입니다. 기왕에는 정부나 사회에 가장 귀중히 여기는 것은 양반들의 생활을 위했던 것입니다. 지금부터는 이런 사상을 다 버리고 새 주의로 모든 사람의 균일한 기회와 권리를 주장하며 개인의 신분을 존중히 하며 노동을 우대하여 법률 앞에는 다 평등으로 보호할 것입니다. 이것이 곧 이 정부의 결심이므로 전에는 자기들의 형편을 개량할 수 없는 농민과 노동자들에게 특별히 주의하려는 것입니다.…경영주들은 노동자들을 이용만 하지 못할 것이고 노동자들은 경영자들을 해롭게 못할 것입니다. 공산당의 주의는 계급과 계급 사이에 충돌을 붙이며 단체와 단체 간에 분쟁을 붙여서 서로 미워하며 모해를 일삼는 것이나 우리의 가장 주장하는 바는 계급전쟁을 [피]하여 전민족의 화동을 도모[하는 것이다.][1)]

불우계층에 대한 이러한 온정주의는 "모든 민족구성원들은 다 같이 잘 살아야 한다"라는 민족통합주의 사상의 한 표현이다. 이승만의

---

1) 이승만, 「대한민국 정부수립 기념식 식사」, 우남실록편찬회 편, 『우남실록』, 열화당, 1976, 567-568쪽.

민족통합주의 실천 의지는 그해 9월 30일 국회에서 행한 이승만의 시정연설에 계승되었다. 시정연설은 다음과 같이 말했다.

> 민생문제 해결에 있어서 항상 나의 가슴을 아프게 하는 것은 농민과 노동자의 생활향상의 염원이니 성부는 농민과 노동자의 생활향상을 위하여 시급한 대책이 있어야 할 것입니다. 전자에 있어서는 헌법의 조항에 의거하여 앞으로 토지개혁법이 제정, 시행될 것이니 토지개혁의 기본목표는 전제적 · 자본제적 토지제도의 모순을 제거하여 농가경제의 자주성을 부여함으로써 토지생산력의 증강과 농촌문화의 발전 기여에 지향될 것인 고로 먼저 소작제도를 철폐하여 경자유기전(耕者有其田)의 원칙을 확립할 것이나 농민 대중의 원하는 바에 의하여 정부는 균등한 농지를 적당한 가격 또는 현물보상의 방식으로써 농민에게 분배할 것입니다. 그리고 우리 국민의 약 7할을 점하는 농민동포의 염원인 미곡수집의 개선은 정부에서 국회에 향하여 법률안을 제출하였던 바, 아직 법률이 제정되지 아니하고 시기가 지극히 급박한 사정으로 인하여 정부의 단호한 결정으로 세계 식량사정과 그 조절을 위한 공동협조의 정신을 유지하고 요(要)보장 수량을 획득코자 임시비상조치를 실행하여 농민 제위의 생산품과 농민의 요(要)소비 공업생산품과의 가치조절에 있어서 그 동안 억울한 입장에 있던 농민의 지위를 앙양 보전케 할 것입니다.[2]

---

2) 국사편찬위원회, 한국사데이타베이스, 자료 대한민국사, 1948년 9월 30일자 자료에서 인용.

이와 같은 민족통합주의 노선에 입각하여 이승만이 대한민국 건국초기 취한 대표적 조치는 농지개혁과 친일분자 및 전향 좌익분자들에 대한 관용이다.

농지개혁

이승만은 농민들의 불우한 처지를 조속히 개선하기 위해서는 농지개혁이 시급히 이루어져야 한다고 판단했다. 그리고 농지개혁을 자본주의의 재산권 보장을 근원적으로 침해하지 않으면서 농민에게 최대한 이익이 되도록 실시하기 위해 적극적으로 노력했다. 우선 초대 농림부장관에 공산주의자에서 전향한 사람으로서 지주들과 연결이 없는 조봉암을 임명하여 지주들의 눈치를 보지 않고 농지개혁을 적극적으로 추진하도록 했다. 행정부는 1948년 12월 농지개혁법 초안을 국회에 회부했으나 국회는 빨리 농지개혁법을 제정해주지 않았다. 이승만은 기회 있을 때마다 국회를 상대로 농지개혁법을 조속히 제정해달라고 거듭 촉구했다. 당시 국회는 지주의 이익을 대변하는 한민당의 영향을 받아서 농민에게 이익이 되는(곧 지주에게 손해가 되는) 농지개혁법을 제정해주지 않으려 하면서 농지개혁법의 제정을 지연시켰다.

이승만은 농지개혁법 제정이 지체되는 동안 지주들이 농지를 개별적으로 소작인이나 자작농에게 방매하는 행위를 방지하기 위해 농지개혁임시조치법을 제정해 줄 것을 국회에 요청했다. 국회는 농지개혁법을 빨리 제정해 주지도 않고, 농지개혁 임시조치법도 제정해 주지 않았다. 대신에 국회는 1949년 4월에야 실행하기 어려운 부실한 농지개혁법을 제정했다. 행정부는 국회에 하자 부분을 해소하는 농지개혁법 개정을 요청했다. 국회는 개정을 해주지 않고 미루다가 1950년 3월에야 농지개혁법 개정안을 통과시켜 주었다.

행정부는 파종시기 전에 농민들이 농지를 분배 받을 수 있도록 하라는 이승만의 재촉에 따라 후속 절차를 서둘렀다. 개정 농지개혁법을 1950년 3월 10일 공포하고, 3월 25일 동법 시행령을 공포했다. 3일 후 농지개혁법 시행규칙을 공포하고, 4월 중에 분배예정농지를 농지수령자에게 통지했다. 이로써 농지개혁의 법적 절차가 완료된 (농지분배에 관한 세부 규정과 요령을 정한 농지분배 점수제규정이 발표된) 6월 23일보다 약 2개월 전에 농지개혁이 사실상 거의 완료되었던 것이다.[3] 농지개혁 결과, 1945년 현재 소작지 가운데 농지개혁에 의해 분배된 농지비율은 48%였고, 자작농이 전체 농가에서 차지하는 비율은 1945년 35%에서 1951년 92%가 되었다. 순수소작농이 전체 농가에서 차지하는 비율은 1945년의 50.2%에서 1951년 3.9%로 급락했다. 3정보 이상의 농지를 보유한 지주의 비율은 해방 직후 2.3%에서 농지개혁 후 0.1%로 감소했다.[4]

---

3) 김승욱, 「이승만 대통령의 농지개혁 추진과 성과」, 이주영 외, 『이승만 연구의 흐름과 쟁점』, 연세대학교 대학출판문화원, 2012, 157쪽 ; 한국사편집위원회 편, 『한국사』, 제18권, 한길사, 110쪽.

4) 정청세, 「해방 후 농지개혁의 사회적 조건과 형성과정」, 연세대학교 사회학과 석사학위논문, 89-90쪽; 김승욱, 앞의 글, 163 및 165쪽.

농지개혁이 가난한 농민들의 생활을 보다 신속히 향상시켜 '다 같이 잘살자'는 민족통합주의의 원리를 실천한 것이라면, 친일분자에 대한 온건한 처리와 국민보도연맹 결성은 민족의 구성원들을 '민족 하나 되기' 관점에서 널리 포용하여 새로운 국가 건설에 기여하도록 하게 하자는 민족통합주의의 원리를 실천한 것이라고 볼 수 있다.

친일파에 대한 온건한 처벌

이승만은 귀국 직후부터 친일파 처벌에 대해 온건한 입장을 취해 왔다. 그러나 그가 친일파 처벌을 전면 반대한 것은 아니다. 그러한 사실은 국회가 1948년 9월 7일 친일파 처벌을 위해 반민족행위자처벌법을 제정하고 그 공포를 위해 행정부로 이송했을 때 그에 대한 이승만의 반응에서 잘 드러난다. 국무회의는 건국 초기 국가 확립이 제대로 안 된 시점에서 반민법을 시행하는 것은 아직 이르다고 판단, 반민법에 대한 대통령의 거부권 행사를 건의하기로 결정했다. 국회와 언론매체들도 이승만이 반민법에 대해 거부권을 행사할 것으로 전망했다.

그러나 이승만은 반민법에 대한 거부권을 행사하지 않았다. 반민법에 대한 거부권 행사가 친일파에 대한 처벌을 자신이 전면적으로 거부하는 것처럼 오해될 소지가 있었기 때문이다. 이승만은 반민법에 대한 거부권을 행사하라는 국무회의 건의를 수용하지 않고 9월 24일 반민법을 공포했다.

그러면서 앞으로 반민법을 집행함에 있어서 유의해야 할 사항 4가지를 제시했다. 첫째, 일제의 작위를 받은 자에 대한 처벌을 그 손자에게까지 하고 재산을 몰수한다는 규정은 신중하게 집행해야 한다. 둘째, 일제하 관리로 일한 자들은 그 등급에 따라서 고위 등급자는 무섭게 처벌하고 하위 등급자는 가볍게 처벌한다는 규정은 상위 등급자라도 악행을 약하게 하고 하위 등급자라도 악행을 심하게 할 수도 있는 바 그런 점을 참작하여 신중하게 집행해야 한다. 셋째, 법을 집행함에 있어서 친일분자들에게 보복을 가하는 것보다 개과천선의 기회를 주는데 비중을 두어야 한다. 넷째, 새로 출발한 대한민국의 국내외 환경이 정비된 후에 친일파문제를 본격적으로 처리해야 한다.[5)]

요컨대, 친일파 처벌은 하되 과잉처벌을 하지 말 것이며, 개과천선자는 과감하게 포용하자는 것이 이승만의 입장이었던 것이다. 친일파에 대한 과잉처벌을 경계하는 이승만의 입장은 그로 하여금 반민법 집행을 위해 구성된 반민족행위특별조사위원회(반민특위)의 활동이 과하다 싶을 때마다 그에 제동을 걸도록 만들었다. 국회에서 국회의원들로 구성된 반민특위가 구성되고, 그 산하에 특별검찰부와 특별재판부를 구성한다는 계획 하에 1949년 1월 초부터 특별검찰부를 구성하여 활동을 개시하자 그에 제동을 걸었다.

이승만은 2월 초 반민특위가 특별검찰부와 특별재판부를 설치하

---

5) 「반민자처단은 민의, 법운영은 보복보다 개과천선토록 하라」, 『대통령이승만박사담화집』, 제1집, 공보처, 1953, 6쪽.

여 반민자에 대한 수사와 재판을 진행하는 것은 헌법의 3권 분립 원리에 반하는 것이므로 취소되어야 한다고 촉구했다. 그는 특위는 조사만 하고, 조사를 통해 수사 및 처벌이 필요하다고 판단한 대상자 명단을 검찰에 이송하고, 검찰과 사법부가 반민법에 따라 처벌 여부를 결성하도록 하라고 주문했다. 아울러 이승만은 공산주의자들의 반란과 파괴 활동이 격렬하게 전개되는 당시 상황에서 그에 대응하는 핵심인력인 경찰내 반공 전문 인력을 친일경력이 있다 하여 체포·처벌함으로써 행정부의 공산주의세력 진압 노력에 차질을 빚지 않도록 해달라고 경고했다.[6)]

반민특위는 이러한 이승만의 주문과 경고를 무시하고, 오히려 이승만이 친일파를 보호한다고 비판하며 그에게 담화를 취소하라고 요구했다. 그러자 이승만은 1949년 2월 18일 기자회견을 통해 다음과 같이 자기의 입장을 설명했다.

> 국회에서는 대통령이 친일파를 옹호한다고 말하며 민심을 선동하고 있다.…법률은 국회에서 통과하였다 하더라도 헌법정신에 위반되면 그 법을 적용할 수는 없다고 생각한다. 아무리 성립된 법이라도 국민의 생명·재산을 보호하기 위한 치안문제에 영향이 있을 때에는 이를 정지하고 치안유지에 관한 법률을 살려야 할 것이다. 국회에서는 치안 혼란을 선동하고 있다.…우리가 공산당과 싸우는 것은 그들이 조국을

6) 「사무분담 명백히 하라」, 『대통령이승만박사담화집』, 제1집, 13쪽.

남의 나라에 예속시키려는 반역행위를 하기 때문에 싸우는 것이다.… [국회는 친일파 처벌보다] 농민들이 학수고대하고 있는 농지개혁법안 등을 좀 빨리 통과시켜 주었으면 좋겠다.…반민족행위자를 처벌하지 말자는 것은 아니며 처단하되 적당한 방법을 취하는 동시에 시기를 고려하자는 것이다.[7)]

이승만은 자기는 "친일파를 옹호할 생각이 없으며 처벌을 하되 적당한 방법으로 처벌하자"는 입장이라고 밝히고, 반민특위 활동 때문에 공산당과의 싸움에 지장을 주지 말 것을 부탁한 것이다. 이승만은 또 국회가 급하지도 않은 친일파 처벌 문제에 몰두하지 말고 농민을 위해 시급한 농지개혁법이나 빨리 제정해달라고 주문했다.

반민특위는 이승만의 거듭된 당부를 무시하고 독자적으로 특별검찰과 특별재판부를 설치한 데 이어 민간인으로 특별경찰대를 구성하여 친일분자들을 체포 · 구금했다. 특별경찰대 구성원 중에는 좌익분자의 혐의를 받는 인사들도 있었다. 반민특위의 행동에 격노한 이승만은 1949년 4월 특위는 친일파를 독자적으로 체포 · 수사 · 재판하지 말고 수사 대상자들을 검찰과 사법부에 넘겨 정식 재판을 받도록 요구함과 동시에 경찰이 아닌 민간인들로 구성된 반민특위 산하 반민특경대를 즉각 해산하라고 촉구했다.[8)]

반민특위는 이승만의 호소와 경고를 무시하고 특경대를 동원하여

---

7) 『서울신문』, 1949년 2월 19일자.

8) 「반민특경대는 해산」, 『대통령이승만박사담화집』, 제1집, 17-18쪽.

친일분자들을 체포하는 일을 계속했다. 특경대의 친일분자 체포는 경찰내 반공 전문 인력으로까지 확대되었다. 당시 경찰내 반공 전문 인력에는 일제하에서 사상범을 다루는 고등경찰이었던 인사들이 많았다. 그들은 일제하에서는 공산주의자와 독립운동가들을 다 같이 수사했던 사람들인데, 해방 후 공산주의자들에 대한 정보를 가장 많이 가지고 있었다. 공산당원들은 비밀리에 활동하기 때문에 그들에 대한 오랜 관찰을 통해서 습득한 정보가 없으면 제대로 대응할 수 없었다.

대한민국의 건국을 방해하는 공산주의세력과 맞서 싸워야 하는 건국주도세력의 입장에서는, 그리고 공산주의세력이 국가를 전복하기 위해 치열하게 각종 투쟁을 전개하고 있는 상황에서 국가를 유지해야 하는 호국세력의 입장에서는 그들이 비록 친일경력의 오점이 있더라도 건국과 호국의 중요한 자산이었다. 반민특위는 그런 점을 외면하고 단지 그들의 친일경력만을 문제시하며 한창 대공수사를 진행하고 있는 친일경력 반공전문 경찰간부들을 체포 구금했다. 화재현장에서 진화작업을 하고 있는 소방대원을 체포해간 것과 비슷한 꼴이었다.

이승만은 경찰 내의 반공전문 인력이 없이는 대한민국의 반공노력이 효과를 발휘할 수 없다는 판단 하에 반공전문 경찰간부를 체포해간 반민특경대를 강제 해산하고 체포되었던 경찰 반공 전문가들을 원대 복귀시키기로 결정했다. 그에 따라 경찰은 1949년 6월 6일 반민특경대와 반민특위 사무실을 점거하여 반민특경대를 해산시키고 반민특위의 활동 자료를 압수해갔다. 이승만은 다음날 기자회견에서 자기가 반민특경대를 강제 해산시키라고 명령한 사실을 밝히면서 그 이유를 다음과 같이 설명했다.

> 내가 특별경비대를 해산시키라고 경찰에게 명령한 것이다. 특위 습격이 있은 후 국회의원 대표단이 나를 찾아와서 특경(特警) 해산을 연기하라고 요구하였으나 나는 그들에게 헌법은 다만 행정 부문만이 경찰권을 가지는 것을 용허하고 있기 때문에 특경 해산을 명령한 것이라고 말하였다.…현재 특위에 의한 체포 협위(脅威)는 국립경찰에 중대한 영향을 미치고 있다. 나는 국회에 대하여 특위가 기소될 자의 비밀 명부를 작성할 것을 요청하였다. 그 명부에 백 명의 이름이 오르든 천 명 혹은 만 명의 이름이 오르든 간에 그것에는 상관하지 않는다. 다만 그들이 이와 같은 명부를 우리에게 제출해 주면 우리는 기소자를 전부 체포하여 한꺼번에 사태를 청결(淸決)할 것이다. 우리는 이 때까지와 같이 그렇게 문제를 오래 끌 수는 없다.[9)]

이승만의 반민특위 활동에 대한 일련의 제동조치와 국회 내부에서 일기 시작한 반민특위 활동에 대한 반성론이 상승작용을 하여 반민특경대 해산 이후 반민특위 활동은 크게 위축되었다. 국회 내의 양심적인 반공 의원들(친일파 숙청에 찬성하면서도 공산주의에도 반

---

9) 『동아일보』, 1949년 6월 8일자.

대하는 의원들)인 이인과 곽상훈 등을 중심으로 공산당의 파괴활동과 주한미군철수 및 38선에서의 군사적 긴장, 경제난 등 국내외 환경이 열악한 가운데 친일파 숙청 문제에 매달려 국회와 행정부가 대립하여 국정이 마비되는 사태를 피하려는 움직임이 형성되었다. 그들은 반민특위의 활동을 축소하고 반민법의 공소시효를 단축하는 반민법 개정안을 발의하였다. 그들의 개정안은 7월 6일 74대 9의 압도적 지지로 통과되었다. 이 반민법 개정으로 인해 반민법의 공소시효는 기존의 1950년 6월 20일에서 1949년 8월 31일로 단축되었다.

이러한 법 개정이 이루어지자 기존 반민특위 위원들이 전원 사인하고 이인이 중심이 되는 새로운 반민특위가 구성되었다. 새로 구성된 반민특위는 새로이 사업을 벌이지 않고 기왕의 활동을 정리하는데 주력했다. 국회는 1949년 9월 22일 반민특위와 산하 특별검찰부 및 특별재판부를 폐지하고 잔여 업무를 대검찰청과 대법원으로 이관하는 반민법 개정안을 통과시켰다. 이 법률 개정에 따라 반민특위는 개정 법률이 공포되는 10월 4일 해산되었다.

반민특위 위원장 이인이 1949년 9월 19일 국회에 보고한 바에 따르면, 반민특위는 공소시효 만료 기한인 8월 31일까지 총 688건을 취급하여 그 중 221건을 특별검찰부가 기소했고, 특별재판부는 8월 말일 현재까지의 공판에서 41건을 판결했으며 나머지 사건에 대해서는 격일로 공판이 진행 중에 있었다. 41건의 판결 결과를 분류하면 사형 1, 체형 14(무기 1명), 공민권 정지 18, 형의 면제 2, 무죄 6 등이다.[10] 반민특위의 이러한 성과는 그 요란했던 활동상에 비춰볼 때, 빈약한 것이 틀림없다. 반민특위의 친일파 숙청 성과가 빈약하게 된 데는 이승만의 민족통합주의 관점에서 가해진 제동 조치가 중요한 요인의 하나로 작용했다고 말할 수 있다.

좌익분자 포용

좌익분자들에 대한 포용은 국민보도연맹(國民保導聯盟)의 결성을 통해 진행되었다. 국민보도연맹 결성은 남로당 당원 등 좌익경력을 가진 자들을 보다 신속하게 전향시켜 대한민국 건설에 기여하도록 선도하자는 생각에서 취해진 것이다. 보도연맹 결성의 이러한 취지는 1949년 10월 29일 좌익분자들의 전향 자수를 촉구하기 위해 발표된 법무장관 권승렬의 다음과 같은 담화가 잘 말해주고 있다.

> 대한민국은 민주국가로서 동포 한 사람의 이탈도 묵인할 수 없다. 따라 그릇된 공산주의사상에 일시 오도되어 동족상쟁을 일삼는 반역도배에 가입하여 활동하였던 자라도 용감히 그의 전과를 깨끗이 후회하고 대한민국에 충성된 국민 되기를 염원하고 실천에 옮긴 자라면 우리는 그들을 위하여 관용 환대할 용의가 있음을 언명해 둔다. 그리고 이러한 전향자는 국민보도연맹에 자진 가입하여 개과천선의 실천을 나타내주기를 희망한다.[11)]

10) 『서울신문』, 1949년 9월 20일자.

11) 『동아일보』, 1949년 10월 30일자.

대한민국 건국 후 해방정국에서 대한민국 건국을 저지하는 투쟁을 전개했던 남한 좌익분자들은 매우 답답한 처지에 놓였다. 그들이 저지하기 위해 격렬하게 투쟁했던 대한민국이 건국되었으니 머지않아 처벌을 받게 될 것이고, 처벌을 피한다 하더라도 남한 땅에서 활발한 공사 활동을 하기가 매우 어려울 것이기 때문이었다. 그렇다고 해서 대한민국의 전복을 위해 투쟁할 경우 신변위험이 너무 크고 투쟁의 성공 가능성도 희박해 보였다.

한편, 공산주의 사상이 잘못된 사상이라는 점을 깨닫고 대한민국에서 새로운 삶을 살기 위해 전향한 사람들도 전향 후 고통을 당했다. 당시 사상검사로 일했던 인사의 회고에 따르면, 자수한 전향 좌익인사들은 여러 경찰서에서 번갈아가며 잡아다가 취조하는 이른바 '뺑뺑이 돌리기'에 시달렸다. A서에서는 관내 거주자라는 연고를 내세워 잡아다가 며칠씩 취조하고, B서에서는 처가 쪽 연고관계가 있다고 잡아다가 취조했고, C도 경찰에서는 본적지라고 해서 잡아갔고, D도 경찰에서는 연루자 관계가 있다고 끌어갔다. 전향 자수자는 한 달에 10일도 편한 잠을 잘 수 없었다. 이런 고된 시련을 견디다 못한 일부 전향자는 마침내 산으로 들어가 공산유격대에 합류했다는 것이다.[12)]

정부의 입장에서도 좌익분자들을 어떻게 다뤄야 할 것인지 고민이었다. 대한민국은 독재국가가 아니기 때문에 좌익분자들을 닥치는 대로 체포하여 처벌하거나 특별수용소에 수용하는 조치들을 취할 수

---

12) 선우종원, 『사상검사』, 계명사, 1993, 168쪽.

없었다. 그렇다고 해서 그들을 방치할 수도 없었다. 방치하면, 그들은 공산주의자들의 선동에 끌려 다시 대한민국 전복을 위한 혁명투쟁에 나설 수도 있을 것이기 때문이다. 좌익분자들이 대거 전향 자수하여 대한민국에 충성하면 좋겠으나, 그 역시 전술한 바와 같은 전향자의 고통으로 인해 크게 기대하기 어려웠다.

이러한 양측의 고민을 동시에 해결할 하나의 묘안으로 등장한 것이 국민보도연맹의 결성이다. 국민보도연맹을 결성하고 그에 가입하기만 하면 '뺑뺑이 돌리기'를 면하도록 해주고 일정한 교육을 받게 한 다음 일반 국민과 다름없는 생활을 할 수 있도록 보호해 주는 동시에, 그들의 활발한 사회활동이 미전향자들에게 전향을 고려하도록 유인하게 하자는 것이었다. 전향자들을 보호하고 지도하여 대한국민으로 봉공의 길을 열어줄 계몽기관인 국민보도연맹은 1949년 4월 21일 준비위원회를 구성했다. 보도연맹 준비위는 다음과 같은 내용의 취의서(趣意書)를 발표했다.

> 매일 수십 명씩…남로당을 멸족파괴당으로 규정하고 탈당한다는 성명 광고가 늘어가고 있지 않은가. 공산주의 사상을 이상적으로 지향하는 나머지 참가한 결과 그들 간부층의 멸족적 정권쟁탈전에 이용도구로 되었다는 데 분개하여 과감한 자기비판과 치열한 자기반성에서 단연 탈당을 천하에 성명함과 동시에 대한민국의 깨끗한 국민으로 이제부터 멸족분자 구제운동에 적극 참가할 것을 민족 앞에 맹서하며…대한민국 정부 수립과 남로당의 멸족정책으로 이상과 같이 탈당전향자가

> 속출하나 이들 전향자 · 탈당자를…계몽 · 지도하여 명실상부한 대한민국으로서 멸사봉공(滅私奉公)의 길을 열어 줄 포섭기관이 절대로 요청되는 바…오인(吾人)은 결사보국(決死報國)의 지성 일념에서 감히 전향자 국민보도연맹을 기성(期成)하고자 하는 바이다.[13]

보도연맹은 6월 5일 결성식, 곧 중앙본부 출범식을 가지고 정식 출범했다. 보도연맹 중앙본부의 총재는 내무장관이 맡고, 법무 · 국방장관이 총재고문을, 내무 · 법무차관과 대검 차장검사가 부총재를 맡았다. 검찰과 경찰의 간부들이 지도위원장과 지도위원을 맡았나. 보도연맹의 조직을 실제로 관리 · 총괄하는 부서는 운영협의회였다. 운영협의회는 서울지검 공안검사들과 서울시 경찰국 대공수사 간부로 구성되었다. 전향자들은 사무국의 간부 및 요원에 임명되었으며, 운영협의회와 지도위원회의 지시를 받아 활동했다.[14]

보도연맹 출범 초기에는 가맹자수가 그다지 늘어나지 않았다. 정부는 1949년 10월 25일부터 11월 30일까지 전향자 자수기간을 설정하여 자수 전향 촉진 캠페인을 전개했다. 전국적으로 약 4만(정확히는 39,986) 명에 이르는 좌익인사들을 전향하게 만들어. 이때 전향 자수한 인사들 가운데는 저명인사들이 많이 포함되어 있었다. 저명인사들은 △국회의원: 김영기 김익노 김중기 원장길, △교수 : 유석준 이석범 전원배 임문빕 김봉한 김준 황주봉 주재황 이건호 등, △문인 : 정지용

13) 『동아일보』, 1949년 4월 23일자.

14) 김기진, 『국민보도연맹 : 끝나지 않은 전쟁』, 역사비평사, 2002, 22쪽.

정인택 최병화 엄홍섭 윤태웅 김병원 이원수 이봉구 이성표 등, △미술가 : 김의환 김용환 최재덕 정종녀 김형만 등, △음악가 : 신막 신용 박용구 등, △영화인 : 김한 허달 김일해 이재명 등이었다.[15)]

전향 자수 기간 끝난 후 정부는 보도연맹 회원들의 협조 하에 좌익분자들에 대한 강력한 검속조치를 단행했다. 앞에서는 보도연맹 가입으로 유인하고, 뒤에서는 보도연맹에 가입하지 않으면 검속한다고 위협하여 좌익분자들의 보도연맹 가입을 재촉한 것이다. 보도연맹 가입자수를 늘리기 위한 경찰서 간의 경쟁으로 인해 위장전향자들도 많이 가입하게 되었다. 어쨌든 보도연맹 가입자수가 크게 증가하여 6·25전쟁 직전 시점의 보도연맹 회원 수는 33만 명 정도였던 것으로 알려진다.[16)]

보도연맹에 가입한 회원들에 대해서는 반공교육 등 일정한 시각교정 교육을 실시한 후 자기의 직능 분야에서 반공선전활동을 전개하도록 했다. 아울러 각 시 도 별로 보도연맹 문화예술행사나 집회 시가행진 등을 실시하여 대중의 반공의식을 계몽하도록 했다. 연맹이 실시하는 반공 선전 문화행사 등에 적극 참여하여 반공태도가 강하다는 것이 입증된 '완전 전향자'에 대해서는 연맹에서 '졸업'(탈퇴)할 수 있도록 했다. 보도연맹 결성 1주년을 맞아 서울에서는 완전전향자 7천명이 연맹을 탈퇴한 것으로 보도되었다.[17)]

---

15) 『동아일보』, 1949년 12월 1일자 ; 김기진, 앞의 책, 71쪽.

16) 선우종원, 앞의 책, 172쪽 ; 김기진, 앞의 책, 84쪽.

17) 김기진, 앞의 책, 85쪽.

| 제 8 장 |

이승만의 민족통합노선과 민주주의 이탈

민족통합주의는 전체의 이익을 개인의 이익보다 절대 우선시한다. 따라서 민족통합주의에서는 민족 혹은 국가의 이익, 또는 공공의 이익을 위해 개인의 자유나 재산권을 제한하는 것을 인정한다. 또한 민족통합주의는 민족 전체의 단결이나 민족국가의 수호를 위해 개별 정당 단체들의 분열적 활동을 제한하는 것을 인정한다.

민족통합주의에 내포된 반개인주의·반자유주의 및 반당파주의적 경향은 민족통합주의 노선을 추구하는 세력으로 하여금 민주주의에 대해 이중적 태도를 갖게 만든다. 그 세력이 저항운동을 하거나 민족국가 형성운동을 전개할 때는 민주주의 친화적이지만, 집권세력이 된 후 국가적 위기에 당면하여 국민동원체제 구축이 필요할 때는 민주주의로부터 이탈하게 된다.

6·25전쟁의 발발은 대한민국에게 강력한 국민동원체제 구축과 국민의 공고한 반공정신 무장을 요구했다. 그것이 없이는 전쟁을 효과적으로 수행할 수 없고, 전후 국가의 부흥을 효과적으로 추진할 수 없기 때문이다. 그런데 강력한 국민동원체제의 구축을 위해서는 강력한 지도자가 필요했고, 국민의 공고한 반공정신무장을 위해서는 사상통제가 필요했다. 강력한 지도자와 사상통제는 자유민주주의의 기본 원리와 갈등하게 된다. 자유민주주의는 개인의 자유와 재산을 중시하기 때문에 강력한 국민동원체제와 충돌하며, 자유민주주의는 사상의 자유를 보장하기 때문에 국민의 반공정신무장을 위한 사상통제와 충돌한다. 자유민주주의는 지도자의 영단보다 회의체의 집단지성을 존중하기 때문에 강력한 지도자와 충돌한다.

민족통합주의자인 이승만은 6 · 25전쟁으로 국가가 위기에 처하자 전쟁수행을 위해 자기가 영도하는 국민동원체제를 구축하고자 했다. 이승만은 1951년 8월 15일 광복절 기념사에서 다음과 같이 전쟁수행을 위한 국민동원체제를 호소했다.

> 우리 일반국민에게 대하여 우리 새 민주국을 보호하는 책임이 각 개인 어깨에 지워있는 것을 역설하려 합니다.…민주주의는 우리 전쟁에서만 보호할 뿐만 아니라 우리 가정과 우리 학교와 우리 생활 각 방면에서 날마다 싸워 보호해야 합니다. 우리가 이런 귀한 값을 주고 보호하는 자유는 우리 생명보다 더 중히 보호해야 할 것입니다. 이 정부는 일반국민 각 개인의 정부입니다. 이 정부는 군주나 양반이나 혹은 다른 권력계급에 속한 것은 아닙니다. 즉 우리 남녀 빈부 유무식을 막론하고 우리 일반국민에게 속한 것입니다.…모든 정부 관리는 대통령 이하 다 같이 나라의 공복입니다."[1)]

이승만은 정부가 모든 국민이 정부인 동시에 국민 각 개인의 정부이기 때문에 모든 국민은 국가 보호의 책임을 지고 있다고 강조했다. 모든 국민이 국방의 의무를 확인하고, 모든 국민이 단합하여 모든 국민의 국가를 지키기 위하여 생활의 각 방면에서 투쟁하자는 것이 이승만의 주장이다.

---

1) 「기념사 : 제3회 광복절을 맞이하여」, 『대통령이승만박사담화집』, 제1집, 60쪽.

그러나 그의 정치적 입지는 국민동원체제 구축은 고사하고 자신의 대통령직 유지도 어려울 정도로 취약해 있었다. 당시 헌법은 대통령을 국회의원들이 선출하도록 되어 있었고, 이 대통령은 국회의원들 사이에서 인기가 크게 실추되어 있었기 때문이다.

1950년 5월30일에 실시된 제2대 국회의원 선거에는 1948년의 제헌국회선거 때 불참했던 세력이 대거 참여했다. 그들은 대체로 무소속으로 입후보했으며 많은 수가 당선되었다. 선거결과 이승만을 지지하는 정당 단체의 당선자 총수는 57명, 제1야당인 민국당 소속 당선자수는 24명, 사회당 2명, 민족자주연맹 1명, 무소속 126명의 의석 분포를 나타냈다.[2] 이승만 추종 의원이 재적의원 210명의 27%인 57명에 불과하다는 것은 이승만과 국회 간의 관계가 매우 불량할 것임을 예고했다.

게다가 북한공산군이 서울을 점령할 때 이승만 행정부는 국회의원들의 후퇴 등을 도와주지 않았으며, 서울을 빠져나오지 못한 채 공산군에 납치된 국회의원이 26명이나 되었다. 국회의원들은 이승만 행정부가 자기들의 피난을 도와주지 않은데 대해 크게 분노하고 있었다. 이승만에 반대하는 당파에 소속된 국회의원들의 숫자가 많은데 더하여 국회의원들이 이승만에 대해 분노하고 있었으니 국회의원들의 이승만에 대한 지지도 크게 낮을 것임은 두말할 필요가 없었다.

---

2) 중앙선거관리위원회 편, 『대한민국정당사』, 제1집, 중앙선거관리위원회, 208쪽.

부산정치파동과 발췌개헌

1952년 7월에 대통령의 임기가 만료되는 이승만이 효과적인 전쟁 수행을 위해 강력한 국민동원체제를 구축하려면 대통령에 재선되어야 했다. 이승만이 대동령에 재선되려면 자기를 지지하는 정당을 만들어 국회의원들을 적극적으로 포섭해야 했으며, 그 정당을 앞세워 대통령선거를 직선제로 바꾸기 위한 헌법 개정을 추진해야 했다. 이승만과 그의 추종자들은 한편으로는 민족통합주의적 일민주의 정당의 창당을 추진하면서, 다른 한편으로 대통령선거를 직선제로 변경하기 위한 개헌을 추진했다.

이승만은 자기의 제1차 임기를 약 1년 앞둔 1951년 8월 6일 일민주의를 이념으로 하는 새로운 정당의 창당을 추진하겠다고 발표했다. 이승만은 해방 이후 민족통합에 지장을 줄 것이라는 이유로 독자적인 정당의 창당을 반대하는 입장을 견지해 왔는 바, 그러한 자신의 입장을 바꾸어 일민주의 정당의 창당을 추진하게 된 취지를 다음과 같이 설명했다.

> 그 동안 내가 일민주의라는 주장으로 3, 4조건을 발표하였을 때 가장 평범해서 사람마다 우부우부(愚夫愚婦)라도 다 알아보며 깨달을 수 있을 것을 표준삼아 파당과 분열을 초월하고 재래의 폐단되었든 반상과 빈부와 남녀와 지방 등의 구별을 통일로 방해되는 습관을 타파하고 한 민족 한 정신으로 통일을 이루어 가져야 우리 민국과 국민의

자유독립을 보유 발전하고 부강해 나갈 수 있다는 이치를 표시한 것인데 일민주의가 민간에서 다소 전파되어 우리 의도를 알만치 되었으므로 이것을 거구(去口)로 삼아 정당한 정당을 세워서 만세복리의 전도를 엿보고 이 정신을 철저히 흡수해서 민족의 복리를 발전시키는데 협력을 원하는 사람들이 이 기회를 이용해서 전국적으로 대동단결하는 것이 필요하다고 믿는 바이다.…정당을 대부분 노동자와 농민들과 기타 근로대중으로 구성하되 실로 민국의 주인이 되는 대다수 국민의 권위와 공익을 보호해서 민주제도의 보장이 되어 혹 권력을 잡아서 전제주의를 사용하거나 압제적 구습을 행하려는 자의 수중에 정부가 들어가지 않을 것을 보장하고…[3)]

이승만은 처음에는 이 일민주의 정당을 노동자 농민 중심의 '노동당'으로 만들려 했다.[4)] 이승만이 추진한 일민주의 정당 또는 노동자 농민의 당은 1951년 12월 자유당이라는 당명으로 창당되었다.

이승만은 이처럼 자유당을 창당하면서 그와 병행하여 직선제 개헌을 추진했다. 이승만은 1951년 8월 15일 제3회 광복절 경축사를 통해 새로운 정당의 창당과 대통령 직선제 개헌의 추진이 연결된 것임을 다음과 같이 밝혔다.

일반국민이 정당의 의미를 철저히 알기 전에는 정당 제도를 실시하는

3) 「신당의 조직에 관하여」, 『대통령이승만박사담화집』, 제1집, 61~62쪽
4) 「새정신의 정당조직」, 『대통령이승만박사담화집』, 제1집, 63쪽

> 것이 이르다고 생각되었던 것입니다. 정당의 제도는 각각 국가의 복리를 위해서 주장하는 정견으로 되는 것이오, 정권을 잡기 위해서 사당을 만드는 것은 아닙니다. 그러나 지금은 시기가 와서 전국에 큰 정당을 조직해서 농민과 노동자들을 토대로 삼아 일반국민이 나라의 복리와 자기들의 공동복리를 보호하기 위하어 정당한 정당을 만들 때가 왔다는 것입니다.…근로하는 국민들은 민주정부가 보호하는 자유의 복리를 장구히 보유하기 위하여…새 정당으로써 영구한 토대를 삼아 그 위에 정부가 굳게 서야 될 것입니다. 우리나라에서 가장 대다수의 국민이 정부의 토대로써 자기들의 정당한 지위를 차지할 수 있게 하기 위하여 나는 국회에 수차 헌법상 두 조건을 개정하기를 부탁한 것입니다. 하나는 대통령을 국민이 직접 투표선거하자는 것이고 둘째는 국회의 단원제를 상하 양원제로 변경하므로써 민주정부를 더욱 공고히 하자는 것입니다.[5)]

이승만은 일민주의 정당을 만들어 농민과 노동자들의 권익을 보호하고 그들을 토대로 하여 민주정부를 더욱 공고히 하고, 대통령 직선제 개헌을 실시해야 한다고 주장한 것이다.

위의 두 개 인용문 가운데 들어 있는 "민주제도의 보장이 되어 혹 권력을 잡아서 전제주의를 사용하거나 압제적 구습을 행하려는 자의 수중에 정부가 들어가지 않을 것을 보장"한다거나, "민주정부를 더욱

5) 「기념사 : 제3회 광복절을 맞이하여」, 『대통령이승만박사담화집』, 제1집, 60-61쪽.

공고히 하자"는 말은 이승만이 그 연설을 했을 때는 진심으로 한 말이었는지 모르겠으나, 자유당이 결성된 후 개헌 관철 및 통치과정에서 나타난 이승만과 자유당의 행태를 보면 그 말은 실제와 정반대되는 것이었다.

이승만의 대통령 재선을 실현하기 위한 국회의원들과의 싸움은 피난수도 부산의 임시 국회의사당을 중심으로 격렬하게 전개되었다. 이승만과 그의 추종자들은 이승만의 재선을 위한 직선제 개헌을 성사시키기 위해서는 그것을 효과적으로 추진할 정당이 필요하다고 판단하여 새로운 정당 창당 작업을 급속하게 추진했다. 창당 작업은 국회의원들을 중심으로 한 원내 창당 작업과 사회단체들을 중심으로 한 원외 창당 작업으로 분리하여 진행되었다. 1951년 12월 원외 자유당과 원내자유당이 자유당이라는 동일한 당명 아래 두 개의 정당으로 각각 창당되었다. 창당 작업을 진행하는 동안 원내자유당은 세를 급속히 불려서 총 93명의 국회의원을 확보했다.

다수의 국회의원을 확보한 것에 고무된 이승만은 대통령직선제와 양원제 국회를 골자로 하는 개헌안을 제출했다. 그 개헌안은 1952년 1월 28일 국회에서 표결한 결과 찬성 19, 반대 143, 기권 1의 압도적 표차로 부결되었다. 국회의원들의 입장에서는 대통령직선제는 국회의 최대 권한인 대통령 선출권을 박탈하고 양원제는 단원제 국회의 입법권 독점을 박탈하는 것이라는 생각에서 대거 반대투표를 했던 것이다.[6] 표결 결과가 충격적인 것은 이승만을 지지하기 위해 만들어진 원내 자유당에 소속된 국회의원들의 압도적 다수가 반대투표를 했다는 사실이다. 겉으로 이승만에 대한 충성을 서약한 사람들조차도 내면적으로는 직선제에 의한 이승만의 대통령 당선에 반대했던 것이다.

대통령직선제 개헌을 저지한 이승만 반대파 의원들은 뒤이어 개헌정족수인 재직의원 3분의 2를 1명 초과하는 123명의 서명을 받아 의원내각제개헌안을 제출, 이승만을 위협했다. 이 개헌안의 통과는 곧 이승만의 정치적 생명의 단절을 의미하는 것이었다. 이승만은 이러한 의원내각제개헌안의 통과를 저지하기 위해 원외자유당과 청년단체들을 동원하여 국회 밖에서 의원내각제 반대 대중 캠페인을 전개하는 한편, 1952년 5월 25일 공비토벌을 명분으로 경남지역에 비상계엄령을 선포한 후 의원내각제 개헌을 주동한 의원들을 체포하고, 26일에는 국회의원 40여 명이 탑승한 버스를 국제공산당과 관련된 혐의가 있다는 이유로 헌병대로 연행해갔다. 또한 강경파 야당 국회의원들의 숙소를 습격하여 연행해갔다. 연행되지 않은 국회의원들은 잠적하여 국회의사당에 나오지 않았다. 그에 따라 국회는 마비되었다.

연행당한 의원들은 수사관으로부터 3일 동안 철야심문을 받았다. 심문의 주된 내용은 "내각책임제 개헌안을 왜 제안했는가?", "대통령 권한을 축소하고 국무총리에게 권한을 많이 주자는 것은 전시 하에 국가의 단결을 해치는 것이 아닌가?" 등이었다. 연행되어 간 국회의

6) 중앙선거관리위원회 편, 앞의 책, 214쪽.

원들 가운데 30명 이상이 수감되었다.[7)]

이승만 행정부의 이러한 조치는 민주주의에서는 용납될 수 없는 것이었다. 이승만의 이러한 행동은 국내외로부터 격렬한 비난을 받았으며, 부통령 김성수는 그에 항의하여 부통령직을 사임했다. 이때 미국은 한국군의 군사쿠데타를 일으켜 이승만을 축출할 것을 계획하기도 했다. 그러나 이승만은 그 같은 비난을 일축하고, 국회의원들을 위협하여 자기가 제안한 대통령직선제 개헌안에 약간의 의원내각제적 요소를 가미한 소위 발췌개헌안을 강제로 통과시키려 했다.

이승만은 1952년 7월 2일부터 숨어있는 국회의원들을 수색하여 강제로 국회의사당으로 연행해 오고, 수감 중이던 국회의원들을 석방하여 의사당으로 보냈다. 그리고 의사당 주변을 헌병과 경찰, 청년단체 단원들이 포위하고 국회의원들이 발췌개헌안을 통과시키지 않는 한 회의장을 나갈 수 없도록 했다. 국회의원들이 회의장에 감금된 상태에서 7월 4일 발췌개헌안이 표결에 붙여졌다. 표결 결과는 찬성 163, 기권 3으로 개헌안이 통과되었다.[8)]

이러한 일련의 사건을 부산정치파동이라 한다. 이승만이 국회의원들을 물리적 강제력으로 강압하여 자기가 희망하는 개헌을 강행한 것은 민주주의로부터의 심각한 이탈이었다. 이러한 수법으로 대통령직선제 개헌을 관철한 이승만은 곧이어 8월 5일 실시된 직선제 대통령선거에서 당선되었다.

---

7) 동아일보사 편, 『비화 제1공화국』 3, 홍자출판사, 63-64, 67쪽.

8) 위의 책, 156쪽.

이승만은 민주주의 이탈적 수법을 동원하여 대통령에 재선된 후 민족통합주의 노선에 따라 6 · 25전쟁에 대한 대응을 성공적으로 수행했다. 휴전에 대해 반대하는 입장을 견지하면서, 반공한인포로 석방, 한미상호방위조약의 체결, 대규모 미군의 한국 주둔 등을 유도했다. 그로 인해 한반도에서의 전쟁 재발 억제가 가능해졌다. 전쟁기간 중 이승만이 취한 조치 중 반공포로(6 · 25전쟁에서 북한군으로 전투에 참여했다가 포로로 붙잡힌 장병들 가운데 반공성향을 가진 포로) 석방은 이승만이 아니고서는 취할 수 없는 과감한 조치였다고 할 수 있다. 그의 확고한 반공사상과 민족통합주의 사상이 없었으면 취할 수 없는 조치였다.

6 · 25전쟁이 휴전된 후에도 이승만은 국방강화와 경제재건을 비교적 잘 수행했다. 당시 국방문제는 한미동맹을 통해 미국이 지원해 주고 있었기 때문에 대한민국정부가 우선적으로 노력해야 할 과제는 경제재건이었다. 식량과 생필품을 증산하여 전쟁의 재난으로 인해 기아선상에서 허덕이는 국민들을 구제하고, 물가를 안정시키고 실업자들의 일자리를 창출하는 일들이 시급했다. 이승만정권은 휴전 직후에는 시급한 민생문제 해결을 위해 상당히 노력했다. 그 결과 1954년부터 국민경제는 전시의 불안상태로부터 어느 정도 탈출하게 되었다.

4사5입 개헌

이승만과 자유당은 국가가 전란으로부터 한숨을 돌릴 수 있게 되자마자 이승만의 종신집권을 위한 정치공작을 전개했다. 그 정치공작의 핵심은 이승만이 중임제한 없이 계속 대통령 선거에 출마할 수 있도록 헌법을 개정하는 것이었다. 자유당은 1954년 초부터 초대 대통령에 한하여 중임 제한을 받지 않도록 하는 개헌을 준비했다. 행정부는 1954년 1월 경제재건을 효율적으로 전개하기 위해 필요한 헌법의 경제조항을 개정하기 위한 개헌안을 국회에 제출했다가 그에 대한 토론이 한창 전개되고 있을 때 갑자기 그 개헌안을 철회했다. 이승만과 그의 추종자들은 곧 있게 될 총선 후 이승만의 종신집권을 위한 개헌을 추진할 계획이었기 때문에, 1년에 개헌을 두 번씩이나 한다는 국민의 빈축을 사게 될 것을 우려하여 경제 조항 개정을 위한 개헌을 철회한 것이다. 이는 이승만과 그의 추종자들이 이승만의 종신집권을 위한 개헌을 일찍부터 준비해왔다는 점을 시사한다.

이승만의 추종자들은 그러한 개헌을 실행하기 위해 우선 자유당을 이승만에 대한 충성도가 매우 강한 집단으로 만들었다. 그들은 1954년 3월 자유당을 개편하여, 이승만에 대한 충성도가 매우 강한 인사들을 중심으로 당간부진을 구성했다. 그런 다음 자유당은 총선에 의해 새 국회가 구성되면 개헌을 해야 한다고 선전했다. 그들이 제시한 개헌의 명분은 "부산정치파동 때 졸속으로 개정된 헌법에 내포된 불합리한 점을 시정하고 민주주의를 강화하기 위한 국민투표제와 국회의원소환제를 도입하기 위해서"였다. 이승만의 중임제한 철폐는 전혀 언급하지 않았다.

자유당은 그런 개헌선전을 전개하면서 다가올 국회의원선거에 출마할 자유당 공천자로 선정된 사람들에게 1) 자유당 총재인 이승만의 지시와 당책에 절대 복종할 것, 2) 국회의원에 당선된 후에는 개헌을 절대 지지할 것을 서약하도록 했다.

이러한 조치들에 뒤이어 자유당이 취해야 할 것은 국회의원선거에서 자기 당 후보자들이 개헌선인 국회 재적의원의 3분의 2 이상을 차지하도록 하는 일이었다. 자유당은 그러한 목표를 달성하기 위해 1954년 5월 20일에 실시된 제3대 국회의원선거에서 노골적인 관권개입과 야당탄압, 매표 등을 자행했다. 자유당은 전국의 경찰과 공무원이 자유당 공천을 받은 후보자를 지지하고 야당 입후보자의 선거운동을 방해하도록 지시했으며, 자유당 공천 후보자에게는 막대한 선거자금을 지원해주었다. 자유당은 또 백혈단(白血團), 백골단(白骨團), 애국청년결사대 등과 같은 폭력행동대의 조직을 배후지원하고 그들로 하여금 야당입후보자들을 협박하여 입후보 등록을 못하게 하거나 후보를 사퇴하게 만들고, 야당입후보자의 유세장에 가서 폭력을 행사하여 공포분위기를 조성함으로써 청중이 모이지 못하도록 했다. 뿐만 아니라 야당입후보자의 선거운동원에 테러를 가하여 사망자까지 발생하도록 했다. 공포분위기 속의 부정 · 타락선거였다.

선거 결과 국회의원 재적 203석 중 자유당 114석, 민국당 15석, 무소속 67석, 국민당 3석, 기타 군소정당 4석의 분포를 나타냈다.[9] 제1야당인 민국당이 불과 15명의 당선자밖에 내지 못한 참패를 당한

9) 중앙선거관리위원회 편, 앞의 책, 220쪽.

것은 제3대 국회의원선거에서 야당후보 탄압이 매우 심했다는 점을 잘 말해준다. 이러한 선거결과로 정부수립 후 처음으로 이승만 지지세력이 국회의 절대 다수 의석을 차지하게 되었고, 이승만의 권한행사는 더 이상 국회의 견제를 받지 않게 되었다. 그러나 자유당의 의원수가 개헌선에 미치지 못한 것이 미흡한 점으로 남았다.

제3대 국회 개원 후 국회의장에 선출되어 자유당의 명실상부한 제2인자 위치를 확보한 이기붕과 자유당 간부들은 그러한 미흡한 점을 해결하기 위해 무소속의원들을 상대로 한 포섭공작을 전개하여 다수의 무소속의원들을 자유당에 입당시켰다. 그 결과 자유당의원수는 개헌정족수인 재적 3분의 2에 해당하는 136명으로 늘어났다. 136명의 의원을 확보한 자유당은 9월 초 초대 대통령에 한하여 중임제한을 철폐할 것을 주요 내용으로 한 헌법개정안을 국회에 제출했다. 자유당은 이승만의 중임제한 철폐를 목적으로 하면서도 표면적인 명분으로는 국민투표제 도입을 내세웠다.

자유당이 개헌안을 국회에 제출한 후 이승만도 개헌안의 국회통과를 지원하는 담화를 발표했다. 담화의 내용은 다음과 같다.

> [개헌을 둘러싸고] 또 다시 2년 전 소위 정치파동이라는 난국을 만들게 된다면 소련의 병력과 중공의 병력으로 또 일본의 흉모로 해서 이 세 나라에서 재정을 얼마던지 갖다 쓸 수 있으며 지하공작으로도 무슨 분란을 만들는지 우리가 측량하기 어려운 형편이니만치 우리는 다 정부와 민간이 한 가지가 되어 우리 민족정부를 보호하며 우리가 굶

> 으나 먹으나 죽으나 사나 한 덩어리로 요지부동하고 있어야 모든 강국의 야심을 방어하고 국토를 회복하여 국권을 완전히 수립할 수 있는 것이다. 그러므로 이 개헌의 제일 중요하게 목적하는 바는 한국이 민주정체이니 만치 인권을 존중하여 이웃나라의 재정이나 병력이나 또는 모든 권력으로 우리 국권을 요동할 염려가 있는 것에 대하여는…전 민족의 3분지 2이상의 투표를 요구하여야 판결된 것으로 원칙을 세워서 밝히는 것이 우리 정부나 민중의 동일한 결심인 것이다. 이번 개헌문제에 이것이 제일 중요한 것…10)

이 인용문은 이승만이 개헌안 관철을 위해 민족통합주의 관념을 동원하고 있다는 점을 말해주고 있다. "우리는 다 정부와 민간이 한 가지가 되어 우리 민족정부를 보호하며 우리가 굶으나 먹으나 죽으나 사나 한 덩어리로 요주부동하고 있어야…국토를 회복하여 국권을 완전히 수립할 수 있는 것이다"라는 대목이 바로 그런 관념을 말해주고 있다. 이승만은 민족통합주의 관념을 내세워 개헌안 통과를 호소하면서, 자신의 중임제한 철폐에 대해서는 "욕이 될지언정 영광이라고는 인정하기 어렵다"고 말하면서 자유당에 대해 국민의 여론에 따르라고 말했다.

이 개헌안은 장시일에 걸친 심의 토론을 거쳐 1954년 11월 27일 표결에 붙여졌다. 표결 결과 개헌안은 찬성 135표, 반대 60표, 무효

10) 「국민공의를 존중하라」, 『대통령이승만박사담화집』, 제2집, 공보실, 1956, 50쪽.

7표로 부결되었다. 사회를 본 자유당 소속의 최순주 부의장은 자유당이 제안한 개헌안이 부결되었음을 선포했고 자유당 의원들 중 어느 누구도 그에 대해 이의를 제기하지 않았다. 그런데, 국회 본회의가 산회된 지 한참 지난 후 자유당 간부들은 국회재적 203석의 3분의 2는 정확히 135.33…석이나 0.33…석은 사사오입의 계산방식에 의해 1인의 인격으로 취급할 수 없으므로 135석이 재적 203석의 3분의 2에 해당된다는 궤변을 주장하며, 개헌안이 부결된 것이 아니라 가결된 것이라고 억지를 썼다. 이러한 억지에 따라 자유당 의원총회는 개헌안이 통과되었다는 성명서를 발표했다. 11월 29일 국회 본회의가 개회되자마자 이틀 전 개헌안 부결을 선언했던 장본인인 자유당 소속의 최순주 부의장은 갑자기 "27일 표결한 개헌안은 정족수의 숫자적 착오로 그 때 부결이라고 선포한 것은 착오이니 이를 취소한다"라고 부결 선포를 번복했다.11)

이것을 4사5입 개헌이라 하는데, 그 개헌은 법리상으로는 무효(인간은 4사5입이 불가능한 존재이므로 숫자상 0.01이 되어도 1인으로 취급해야 하기 때문에 무효)이지만 자유당과 행정부가 물리적인 힘으로 기성사실화함으로써 정치적 효력을 발휘했다. 제3대 국회의원 선거에서 자유당정권이 자행한 불법·부정행위와 4사5입 개헌은 민주주의로부터의 심각한 이탈이었다. 이승만은 이러한 민주주의 이탈을 거쳐 종신집권의 길을 확보했다.

---

11) 중앙선거관리위원회 편, 앞의 책, 221-222쪽 ; 동아일보사 편, 『제1공화국』 4, 홍자출판사, 1975, 55-56쪽.

4사5입 개헌이 실현되는 순간, 국회에서는 야당의원들과 여당이 동원한 정치깡패들 간에 난투극이 벌어졌으며, 난투극 끝에 야당과 일부 무소속 의원들은 의사당으로부터 집단 퇴장했다. 퇴장했던 야당과 무소속 의원들은 등원을 거부하고 국회는 자유당 단독국회로 운영되었다. 이런 사태와 관련하여 이승만은 다음과 같은 담회를 발표했다.

> 신성한 의사당에서 쌍스러운 행동으로 엄중한 국회의 위신을 손실케 했다는 것은 우리 일반이 다 수치롭게 여기는 바이며 일후에는 이런 창피한 일이 다시 없게 되기를 바라는 바이다.…국회에서 자기 의도와 같지 않다고 해서 퇴장한다는 것은 말이 아니 되는 것이다. 원래 민주주의 정치의 국회는 2, 3 정당으로 조직하는 것이며 토의 결정된 후에는 그 찬성하는 사람이나 불찬성하는 사람이나 그 결정된 것을 따라가야 되는 것이며 따라가지 않더라도 국회를 찢어가지고 나가는 것은 말이 아니 되는 것이다.[12)]

이러한 담화내용은 이승만이 민주주의로부터 자기가 이탈했다는 사실을 인지하지 못하고 있는 착각을 했던 것 같다는 인상을 준다. 이승만은 자신의 민주주의 이탈에 대해 매우 둔감했던 것으로 보인다.

---

12) 「공명정대한 정당주의로 국난 타개를 기하자」, 『대통령이승만박사담화집』, 제2집, 51-52쪽.

어쨌든 어떤 집권자이건 일단 민주주의 궤도에서 이탈하고 나면 스스로의 능력에 의해 민주주의 궤도로 돌아올 수가 없다. 철로를 이탈한 기차가 스스로의 능력에 의해 철로로 되돌아 갈 수 없는 것과 같은 이치이다. 강력한 야당이 존재하면 야당의 압력을 받아 사임하게 된다. 그런 야당이 존재하지 않으면 민중혁명에 부딪치게 될 때까지 독재의 길을 가게 된다. 이승만은 민주주의로부터의 이탈을 거듭 감행하면서 종신집권의 길을 확보했지만 그것이 그의 종신집권을 보장해주지는 못했다.

| 제9장 |

결 론

이승만은 청년시절 대한제국이 멸망하기 직전 국가의 독립성을 강화하고 무너져가는 국가를 지키는 호국운동을 전개하면서 관료들의 당파투쟁과 국민분열로 인해 나라가 망하는 것을 체험했다. 그러면서 외세의 공격을 당하여 국민이 분열하면 나라가 망하고 국민이 단합하여 외세에 대항하면 국가의 독립이 유지된다는 것을 깨달았다. 아울러 민족은 그 구성원들의 운명공동체라는 것을 깨달았다. 그가 『독립정신』에서 "오늘날 이 나라에 사는 것이 거센 폭풍을 만난 배를 탄 사람들과 같으니,…남녀노소 일제히 일어나 각자가 가진 물건을 모두 바다에 던져 배를 가볍게 만들어 목적지에 도착하도록 노력해야 할 것이다.…마찬가지로 사람마다 대한제국의 자유와 독립을 지키기 위하여 목숨과 재물을 아끼지 말고 이 나라의 파멸을 막아 2천만 동포의 생명을 구할 중대한 책임이 있다"라고 서술한 것이 바로 그런 깨달음을 나타낸 것이다.

대한제국 멸망 후 독립운동을 전개하면서 이승만은 그러한 깨달음으로 인해 "뭉치면 살고, 흩어지면 죽는다"는 지침을 최고의 행동강령으로 삼았다. 이승만은 이 강령의 정당성을 확인하기 위해 인류학 지식을 동원하기도 했다. 이승만이 인류학을 동원하여 민족통합주의를 정당화한 것이 이 책의 제3장에서 인용한 『태평양잡지』 1924년 4월호에 게재된 「민족적 단결은 생활의 요소」라는 논설문이다. 이 논설문에서 이승만은 인류 역사에서 민족단결 현상이 나타나는 것은 인간이 목축시대로 접어들면서부터라고 지적하고, 민족의 단결이 필요하게 된 것은 ① 인간의 신체와 생명을 보호하고, ② 인간의 자유와 재산을 보호하며, ③ 민족적 위신을 확립하기 위해서라고 설명했다.

그와 같은 인식에 입각하여 이승만은 민족통합주의를 민족독립운동과 건국운동의 지도노선으로 삼아왔고, 대한민국 건국 후에는 그의 국정운영의 지침으로 삼아왔다. 이승만은 국정운영의 지침이 된 민족통합주의를 '일민주의'로 호칭했다. 일민주의는 "그 동안 귀천계급, 빈부불평등, 지역감정, 남녀구별 등으로 인해 동일성을 상실하고 분열되었던 우리 민족(구성원들)을 무슨 부문에 있어서고 동일하고 통합"하려는 사상이다. 일민주의는 평등과 통합을 핵심가치로 하는 사상이다.

이승만의 민족통합주의의 형성과 실천과정을 정리해 놓고 볼 때, 안타까운 것은 이승만이 민족통합주의 노선을 일관되게 추구했음에도 부룩하고 우리 민족의 독립운동과 건국운동의 과정에서 민족통합이 이루어지지 않았으며, 이승만의 집권기간 중에도 민족의 일민적 화합이 실현되지 못했다는 점이다. 결과가 그렇게 된 원인을 놓고 이승만이 권력 장악을 위해서는 민족분열도 불사하는 야심가였기 때문이라거나, 그의 민족주의가 위선적인 구호에 불과했다고 비판하는 사람들이 많다. 그러나 이 책에서 정리한 이승만의 민족통합주의 노선의 형성과 실천과정에 비추어 보면 그러한 지적은 타당하지 않은 것으로 보인다. 이승만의 민족통합주의는 진실하고 일관성이 있는 것이었다. 그가 권력욕이 강한 것은 사실이지만 권력 장악을 위해 민족분열을 불사할 정도로 권력욕에 몰입한 인간은 아니다. 이승만이 상해임시정부의 자기에 대한 탄핵을 수용한 사실에서 그런 점을 쉽게 이해할 수 있다.

이승만의 독립·건국운동 과정에 민족통합이 이루어지지 않은 것은 이승만의 완고한 성격에 일부 책임이 있지만, 보다 큰 책임은 이승만의 민족통합 공작을 방해한 공산주의세력에게 있다고 봐야 한다. 예를 들자면, 상해임시정부 초기 임시정부를 코민테른 산하 민족해방운동 조직으로 끌어들이기 위해 무조건 이승만을 임시정부에서 축출하려 하고, 북한을 먼저 공고하게 공산화해놓고 남한까지 공산화하려 한 공산주의세력에게 훨씬 큰 책임이 있는 것이다. 이승만은 민족통합을 진지하게 추진했지만 공산주의세력이 이승만의 민족통합 사업을 격렬하게 저지함으로써 민족통합이 이루어지지 않았던 것이다.

독립·건국 운동 과정에서 우리 민족이 단결하지 못한 것은 이승만의 민족통합주의에 문제가 있어서가 아니라, 이승만의 민족통합주의가 타당했음에도 불구하고 초래된 것이라 할 수 있다. 이승만의 민족통합운동 역량보다 공산주의세력의 민족통합 저지역량이 강했기 때문에 민족통합이 이루어지지 않은 것이다.

한편, 이승만의 민족통합주의가 1952년 부산정치파동 발생 직전부터 이승만으로 하여금 민주주의 궤도를 이탈하는 것을 정당화해주는 작용을 한 것을 생각하면 민족통합주의는 좋은 사상이지만 모든 환경에서 항상 올바른 노선이 되는 것은 아니라는 점을 깨닫게 된다. 민족단합은 얼핏 들으면 절대선인 것처럼 생각되지만 면밀히 따져보면 그렇지 않다.

민족통합주의는 부분보다 전체를 우선시하며, 민족 전체의 이익을 민족 구성원 개개인의 이익보다 우선시한다. 때문에 민족통합주의는 구성원 개개인의 자유와 이익의 제한을 쉽게 할 수 있고, 통치자가 민주주의 궤도에서 이탈하는 것을 정당화하기 쉽다. 민족통합주의는 민족 전체의 생존과 민족국가의 안전을 위해서 개인의 자유를 제한하고 민주주의 원리를 침해하는 것이 용납되어야 한다고 주장할 것이기 때문이다.

민족국가가 위기에 처했을 때, 위기탈출을 위해 민족통합주의가 민주주의 이탈과 일시적으로 짧은 기간 결합하는 것은 큰 문제가 되지 않는다. 그러나 민족통합주의가 장기간 독재와 결합하게 되면 큰 문제가 발생한다. 민족통합주의와 독재가 장기간 결하하게 되면 부패가 확산되고, 독재와 부패의 장기화는 사회적 약자들에 대한 일민주의적 배려와 국민적 단결을 불가능하게 만든다. 그 결과 민족통합주의와 독재의 장기 결합은 민주주의를 파괴할 뿐만 아니라 민족통합주의도 파괴하는 결과를 초래한다.

이러한 현상을 우리는 이승만 정권 말기에 목격했다. 이승만은 사회적 약자인 농민과 노동자들의 이익을 국정에 반영하기 위해 노동자와 농민의 목소리를 대변하는 정당으로 자유당을 만들었지만, 독재와 부패가 병행 확대하는 가운데 자유당은 농민과 노동자의 권익을 대변하는 정당이 아닌 독재와 부패의 도구가 되었을 뿐이다. 이승만은 1954년 11월 이른바 4사5입 개헌을 감행함으로써 민주주의로 돌아올 수 없는 다리를 건넜으며, 4월혁명으로 이승만정권이 붕괴될 때까지 민족통합주의와 반공은 독재의 명분으로 이용되었다.

| 보론 |

이승만의 민족통합주의와 반공간의 양립성*

* 이 글은 양동안, 「이승만과 반공」, 이주영 외, 『이승만 연구의 흐름과 쟁점』, 연세대학교 대학출판문화원, 2012, 111-138쪽의 내용을 상당 부분 전재하고 있음.

1. 머리말

이승만이 민족통합주의 사상을 표방했으며 그것을 실천하려고 노력했다고 말하게 되면 즉각 다음과 같은 반론이 제기된다. 즉, 이승만과 같은 완고한 반공주의자가 민족통합주의를 추구했다는 것은 말이 안 된다는 것이다.

민족을 뭉치게 하려면 민족구성원들이 가진 모든 사상들에 다 포용적 태도를 취해야 할 것인데, 이승만은 완고한 반공입장을 취하면서 민족통합을 주장했기 때문이다. 이승만은 민족통합주의 노선을 표방·실천하면서 반공입장도 완고하게 유지했기 때문에 그의 민족통합주의는 이율배반적인 주장이거나 진실성이 결여된 단순한 전술적 구호에 불과하다는 것이다.

이러한 반론은 피상적 논리로 보면 타당해 보인다. 공산주의세력을 배제하자면서 민족구성원은 모두 뭉치자고 주장하는 것은 모순되는 것이 분명하기 때문이다. 이승만이 공산주의세력을 반대·배제하는 이유를 알게 되면 이러한 반론은 타당성이 약화될 것이다. 이승만이 민족통합을 추구하면서 공산주의세력을 배척하는 이유가 민족통합주의에 배치되는 것이라면, 그러한 반론은 타당한 것이지만, 만일 공산주의세력을 배척하는 이유가 민족통합주의와 양립하는 것이라면 전술한 반론은 타당성을 상실하게 될 것이다.

이승만의 공산주의세력 배척이 그가 표방하는 민족통합주의와 양립하느냐 배치하느냐 하는 것을 정확히 알기 위해서는 이승만과 공산주의세력 간의 '조우'의 역사를 통해 이승만의 민족통합 노력과 공산주의세력 간의 작용-반작용 관계를 추적해 봐야 한다. 그러한 추적을 통해 공산주의세력이 이승만의 민족통합주의 노력에 대해 동조했는지 혹은 반대했는지를 파악해야 한다. 만약 반대했다면 반대하는 목적이 민족통합에 기여하는 반대인지 아닌지 여부를 파악해야 한다.

이승만의 민족통합 노력에 대한 반대가 실제로 민족통합에 기여할 수 있는 것이면, 그 반대는 타당한 것으로 간주되어야 할 것이다. 그리고 반대가 실제로 민족통합에 기여할 수 없다면 그 반대는 타당하지 않은 것으로 간주되어야 할 것이다.

이승만의 민족통합 노선에 대한 공산주의세력의 반대가 타당한 것으로 판정날 경우 이승만이 반공을 완고하게 주장하면서 동시에 민족통합을 표방한 것은 모순되는 것이다. 그에 반해 이승만의 민족통합 노선에 대한 공산주의세력의 반대가 타당하지 않은 것으로 판정날 경우 이승만이 완고한 반공입장을 취하면서 동시에 민족통합을 표방한 것은 모순되지 않는다.

2. 독립운동 초기 이승만의 대소태도

이승만과 공산주의세력 간의 조우는 1920년부터 있었다. 당시 대한민국임시정부의 임시대통령이었던 이승만은 임시정부에 대한 공산주의 종주국 소련의 지원을 획득하기 위해 임정 요원을 소련에 파견했다.

이승만은 24세 때인 1899년에 기독교에 귀의한 이래 죽을 때까지 독실한 기독교 신자로 살았다. 그의 굳건한 기독교 신앙에 비추어 볼 때, 종교에 대해 배척적인 공산주의에 대해 이승만이 비판적인 입장을 가지고 있었을 것임은 당연하다. 또한 이승만은 20대 후반부터 민주주의를 신봉했다. 그가 29세 때인 1904년 옥중에서 저술한 『독립정신』에는 그가 민주주의를 신봉하고 있음을 확인해 주는 내용이 많다. 그 저서에서 이승만은 정치는 전제정치, 입헌군주정치, 민주정치의 세 가지로 나눌 수 있는데 그 중에서 가장 좋은 정치가 민주정치라고 주장했고,[1] 미국의 민주정치를 해설하면서 "어느 누구도 그 같은 백성들의 권리를 침해할 수 없으며, 어느 누구도 힘없는 백성이 배상을 청구할 수 있는 권리를 거부할 수 없다. 그러한 나라야말로 행복하고 평화롭다 할 것이니 이것이 바로 지상낙원이다."[2] 라고 평가했다. 이승만의 이러한 민주주의 애호 입장 역시 공산주의와 상합하기 어려운 것이다.

청 · 장년 시절부터 견지해 온 이승만의 독실한 기독교 신앙과 민주주의 애호 입장은 본질적으로 공산주의와 상합하기 어려운 것임에도 불구하고 상해임시정부의 임시 대통령으로 활동하던 시기에 이승

1) 이승만 저, 김충남 · 김효선 풀어씀, 『풀어쓴 독립정신』, 청미디어, 2008, 120쪽과 124쪽.

2) 위의 책, 131쪽.

만은 공산주의에 반대하는 입장을 보이지 않았다. 1919년 3 · 1운동 전후 한국의 독립운동가들이 대부분 그러했던 것과 마찬가지로 이승만도 당시의 소련 공산주의체제에 대해서 부정적인 생각을 가지지는 않았던 것으로 보인다. 당시 한국의 독립운동가들이나 이승만이 소련 공산주의체제에 대해 부정적인 생각을 가지지 않게 된 것은 소련 공산정권의 지도자 레닌과 소련 공산정권이 식민지 피압박 민족의 독립운동을 적극적으로 지지하는 입장을 천명했기 때문이다.

레닌은 그의 저서와 논문들에서 아시아 · 아프리카 국가들을 식민지로 만들어 지배하는 제국주의는 독점 · 금융자본주의 단계에 있는 유럽 강대국들의 자본주의의 속성이며, 유럽의 자본주의는 식민지 착취로 인해 생명을 연장하고 있기 때문에 식민지에서의 민족독립운동은 유럽 자본주의를 위협한다고 해설하면서, 사회주의혁명을 위해 투쟁하는 유럽의 마르크스주의자들은 식민지에서 부르주아 민주주의세력이 주도하는 민족독립국가 건설 요구를 지원해야 한다고 주장해왔다.[3] 레닌은 그의 저서 『제국주의론』에서 일본의 대한제국 병탄을 직접 비판하기도 했다.[4] 또한 소련의 공산정권은 출범 이후 줄곧 전 세계 피압박 민족에게 제국주의에 대항하는 민족해방운동을 전개

---

3) Lenin, *Imperialism: The Highest Stage of Capitalism* (1917), *Lenin Selected Works* 1(Moscow: Progress Publishers,1977), pp. 700-702, 725; Lenin, "The Right of Nations to Self-determination"(1914), *Lenin Selected Works* 1(Moscow: Progress Publishers,1977), pp. 569-571, 599-600.

4) Lenin, *Imperialism: The Highest Stage of Capitalism, Lenin Selected Works* 1, p.726.

하라고 촉구하고 모든 피압박 민족의 민족해방운동을 소련 공산정권이 지원할 것임을 공언해왔다.

이승만은 레닌과 소련 공산정권의 이러한 선전을 듣고 한 때 우리 민족의 독립을 위해 소련의 지원을 획득하려는 생각을 지니고 있었던 것으로 알려진다. 독립운동 연구가 김희곤에 따르면, 임시정부 초기 이승만은 소련정부에 대해 긍정적인 인식을 갖고 연결선을 확보하려고 했다. 이승만은 시베리아까지 장악한 소련정부를 서유럽 여러 나라도 곧 승인하게 될 것이라고 판단하고, 소련의 지원을 받아 독립군을 국내로 진격시키려는 방안을 검토하였다는 것이다. 김희곤은 당시 이승만이 지인에게 보낸 서한의 내용과 이승만과 임시정부가 소련정부에 대표단을 파견한 것 등을 근거로 그렇게 추론했다. 이승만은 지인에게 보낸 서한에서 "러시아의 볼셰비키는 점차 득승하는 모양인데, 구미의 인심이 그 정부를 인정하자는 언론이 유력하여 가는 중"[5]이라고 분석하기도 하고, "러시아 신정부 인물 중에는 비밀리에 우리와 연락을 취하면서 현재 협의하는 조건이 많은데"[6]라고 밝히기도 했다. 이승만은 1920년 이희경을 러시아에 파견하기도 했으며, 임시정부는 1921년 5월 국무총리 신규식의 이름으로 이희경과 안공근을 대표단으로 선정하여 소련정부에 파견했다.[7] 당시 이승

5) 우남이승만문서편찬위원회 편, 『우남이승만문서 동문편16 : 간찰1』, 124쪽 ; 김희곤, 『대한민국임시정부 I : 상해시기』, 독립기념관 한국독립운동사연구소, 2008, 129쪽 재인용.

6) 우남이승만문서편찬위원회 편, 『우남이승만문서 동문편16 : 간찰1』, 168쪽 ; 김희곤, 『대한민국임시정부 I : 상해시기』, 129쪽 재인용.

만이 명확한 반공입장을 가지고 있었다면 소련정부와 연결을 취하고 소련정부의 지원을 얻으려는 노력을 전개하지 않았을 것이다.

이처럼 이승만은 반공입장을 취하지 않았으나, 임정 내부 및 임정 주변의 공산주의자나 그 동조자들은 소련의 지원을 받으면서 이승만을 임정에서 거세하기 위한 공격을 임정 초기부터 전개했다. 최초의 한인 공산당인 한인사회당(하바로프스크) 및 고려공산당(상해)의 지도자이며 통합 임시정부의 초대 국무총리였던 이동휘와 그 주변 인사들은 상해 임시정부를 코민테른의 통제를 받는 단체로 만들기 위한 공작을 전개했으며, 그 공작의 최대 표적은 이승만 축출이었다.

이동휘는 임시정부 국무총리에 취임한 직후부터 상해임시정부를 코민테른 지도를 받는 단체로 만들기 위한 공작을 적극적으로 전개했다. 이동휘는 임시정부 국무총리에 취임한 직후 임시정부를 코민테른의 지도를 받는 단체로 만들기 위한 소련의 공작금 지원을 요청하기 위해 대표를 모스크바에 파견했다. 소련공산당은 이동휘에게 당시로서는 매우 큰 자금인 총 40만 루블을 보내왔다. 그 자금의 용도를 둘러싸고 공산당과 임시정부가 대립했다. 임시정부 측은 그 돈을 임시정부에 내놓으라고 요구했고, 공산당은 그 자금을 자기들의 공작금으로 사용하려 했다. 이동휘는 자금의 독자적 사용을 위해 임시정부를 탈퇴하려 했으며,[8] 탈퇴의 명분을 확보하기 위해 임시정부

7) 보리스 박, 『소비에트, 코민테른과 한국해방운동, 1918-1925』, 2006, 88-89쪽 ; 김희곤, 『대한민국임시정부 Ⅰ: 상해시기』, 129쪽 재인용.

8) 김준엽 · 김창순, 『한국공산주의운동사』 1, 청계연구소, 1986, 218~219쪽.

가 수용하지 않을 것이 분명한 임시정부의 조직편제 개혁을 요청했다. 이동휘는 임시정부의 조직편제를 소련식 위원회편제로 개혁할 것을 대통령 이승만에게 요청했고 이승만은 이를 거절했다. 이에 이동휘는 1921년 1월 임시정부 국무총리직을 사임했다.

공산당은 소련이 보낸 40만 루블의 공작금을 이용하여 상해를 비롯한 중국 및 기타 지역의 독립운동가들 사이에서 영향력을 강화하면서 임시정부의 주도권을 장악하기 위한 사전공작을 전개했다.

1922년 1월 21~2월 2일 소련공산당의 지도에 따라 모스크바에서 극동인민대표대회가 개최되었다. 이 회의에 참석했던 이동휘, 여운형, 김규식, 박헌영 등 한인 대표단은 "상해임시정부는 명칭만 과대하고 실력이 이에 따르지 못하므로 개혁할 필요가 있다"고 결의하여 전체회의의 승인을 받았다.[9] 개혁을 통해 공산주의자들이 얻고자 하는 것은 임시정부의 헤게모니 장악이었다.

극동인민대표대회에 참가한 후 상해로 돌아온 인사들은 곧장 임시정부의 헤게모니 장악을 위한 개혁 공작을 개시했다. 공산주의자들은 이 공작에서 여운형을 선봉에 세웠다. 여운형의 노력으로 1922년 5월 임시정부 개혁을 논의하기 위한 국민대표회의 주비위원회가 결성되었다.

임시정부 구성원들은 국민대표회의 개최와 관련하여 두 개의 파로 분열되었다. 임시정부 내에서 이승만을 지지하는 기호파는 국민

9) 위의 책, 373~375쪽.

대표회의 개최에 반대했다. 그에 반해 임시정부 내의 안창호가 이끄는 서북파는 국민대표회의 개최를 지지했다. 안창호파의 협력에도 불구하고 공산주의자들의 국민대표회의 개최 공작은 큰 진전을 보지 못했다.

그러던 차에 1922년 11월 모스크바로부터 20만 루블의 공작금이 상해의 공산주의자들에게 추가로 도착했다. 임시정부는 다시 그 돈을 임시정부에 내놓으라고 요구했으나, 그 돈을 운반한 공산주의자들은 임시정부의 요구를 무시하고 그 돈을 국민대표회의 개최 공작을 진행 중인 여운형과 안창호에게 인계했다. 자금의 투입으로 국민대표회의 개최 공작은 활기를 회복하여 1923년 1월 상해에서 국민대표회의가 개막되었다.[10)]

임시정부 기호파가 배제된 가운데 개최된 국민대표회의 참여자들은 대통령 이승만을 제거하자는데 합의했으나, 이승만을 제거한 후 임시정부를 구성하는 방법에 대해서는 합의를 보지 못하고 세 개의 파로 분열되었다. 여운형과 안창호를 중심으로 한 파는 임시정부를 그대로 두고 그 구성원들을 교체할 것을 추구했다. 그들을 개조파라 호칭했다. 원세훈, 신숙, 김규식을 중심으로 한 파는 임시정부를 완전히 해체하고 소련 영토에서 새로운 임시정부를 조직할 것을 추구했다. 그들을 창조파라고 호칭했다. 개조파나 창조파의 어느 쪽을 선택하는 것이 타당한지를 정하지 못한 부동층이 중간파를 형성했다.

---

10) 위의 책, 381~382쪽.

공산주의자들 가운데 모스크바의 지시에 충실한 인사들(상해파 공산주의자들)은 개조파에 속했다. 공산주의세력과 민족주의세력의 연립정부를 구성하여 통일전선을 구축하라는 것이 모스크바의 지침이었기 때문이다. 모스크바의 의도를 제대로 파악하지 못한 소수의 공산주의자들(이르쿠츠파 공산주의자들)과 좌경 민족주의자 및 무장투쟁 우선론자들은 창조파에 속했다.

개조파와 창조파의 대립으로 국민대표회의가 마비상태에 빠진 가운데, 창조파가 중간파의 지지를 획득하여 창조파와 중간파만으로 일방적으로 회의를 개최하여 헌법을 제정하고, 그 헌법에 따라 임시정부에 대체될 정부인 '국민위원회'를 구성한 다음 국민대표회의를 폐회해버렸다.[11] 1923년 6월 7일에 일어난 일이다.

국민대표회의가 변태적으로 폐회된 후 개조파는 임시정부 의정원을 통해 임시정부를 개조하는 작업을 진행했다. 개조파는 다양한 공작을 통해 의정원에서 다수파를 형성하여, 기호파를 제압하게 되었다.

다수파를 형성한 안창호세력(서북파)과 공산주의자들은 1924년 6월 16일 이승만의 대통령 권한을 정지시키기 위해 '임시대통령 유고안'을 통과시켰다. 그 다음 이러저러한 수순을 거친 끝에 1925년 3월 이승만에게 탄핵이라는 최후의 타격을 가했다. 이승만 탄핵은 3월

---

11) 창조파는 김규식을 수반으로 하는 국민위원회(혹은 '조선공화국')를 만들어 블라디보스토크로 갔으나, 소련은 그들을 추방해버렸다. 佐佐木春隆, 『韓國獨立運動の硏究』, 東京: 圖書刊行會, 1985, 278~279쪽.

23일 최종 확인되었고, 의정원은 당일로 임시대통령 직무대리 박은식을 임시대통령에 선출했다. 뒤이어 이들은 임시정부의 헌법을 개정하여 대통령직을 없애고 국무령이 행정수반이 되는 내각책임제 정부형태를 도입했다.[12] 의정원은 이어 이승만이 워싱턴에 구성해 놓은 대한민국구미위원부를 폐쇄하라는 명령을 공포하여 미국에서의 이승만의 독립운동 발판을 없애려 했다.

3. 1930~40년대 공산주의에 대한 비판적 태도 형성

당시 이승만은 공산주의자들의 공작으로 인해 자기가 피해를 당했음에도 불구하고 독립운동을 전개하는데 있어서 공산주의자들을 배척하려는 생각을 가지지 않았고, 우리 민족의 독립을 위해서 도움이 된다면 공산주의 종주국인 소련의 협조도 구해야 한다는 생각을 가졌다. 이러한 이승만의 태도는 앞서 인용한 「공산당의 당부당(當不當)」이란 글의 말미에서도 천명되어 있다.

공산주의자 및 그 주변세력의 이러한 이승만 축출 노력은 이승만으로 하여금 공산주의에 대한 비판적 입장을 가지도록 자극했을 것으로 추정된다. 이승만은 상해에서 자기를 축출하기 위한 국민대표

12) 임시정부 의정원을 통한 개조파의 임시정부 개조 작업의 상세한 전개과정은 이현주, 「임시의정원 내 정치세력의 추이와 권력구도 변화(1919~1925)」, 『정신문화연구』, 제30권 제3호, 2007 가을호, 184~191쪽.

회의가 진행되고 있던 시기인 1923년 3월 그의 영향 하에 하와이에서 발행되던 잡지『태평양잡지』에 공산주의를 비판하는 글을 게재했다. 「공산당의 당부당(當不當)」이란 제목의 그 글에서 이승만은 공산주의의 옳은 점과 옳지 않은 점을 해설했다. 공산주의의 옳은 점을 다음과 같이 설명했다.

> 공산당을 합하여 의론하건대 그 주의가 오늘 인류사회에 합당한 것도 있고 합당하지 않은 것도 있으므로 이 두 가지를 비교하여 이 글의 제목을 당부당이라 하였나니, 그 합당한 것 몇 가지를 비교하여 이 글의 제목을 당부당이라 하였다. 합당한 것 몇 가지를 먼저 말하건대, 인민의 평등주의라.…근대에 이르러 반상의 구별 대신에 빈부의 구별이 스스로 생겨서 재산 가진 자는 이전 양반노릇을 여전히 하며 재물 없는 자는 이전 상놈노릇을 감심하게 된지라.…월급이나 공전이라 하는 보수 명의로 사람을 사다가 노예같이 부리기는 일반이라. 부자는 일 아니하고 가난한 자의 노동으로 먹고 살며 인간 행락에 모든 호강 다하면서 노동자의 버난 것으로 부자 위에 더 부자가 되려고 월급과 삭전을 점점 깍아서 가난한 자는 호구지계(糊口之計)를 잘못하고 늙어죽도록 땀 흘리며 노력하여 남의 종질로 뼈가 달토록 사역하다가 말 따름이오. 그 후생이 나는 대로 또 이렇게 살 것 뿐이니 이 어찌 노예생활과 별로 다르다 하리요. 그럼으로 공산당의 평등주의가 이것을 없이하여 다 균평하게 하자 함이니 어찌하여 이것을 균평히 만들 것은 딴 문제이어니와 평등을 만들자는 주의는 대처 옳으니 이는 적

당한 뜻이라 하겠다.[13)]

이승만은 공산주의가 추구하는 평등주의는 올바른 주장이며, 공산주의는 자본주의사회의 빈부격차와 노동착취를 폐지하는 올바른 요소라고 주장했다. 이어서 이승만은 공산주의의 옳지 않은 점을 다음과 같이 설명했다.

> 공산당의 주의 중에 시세에 부당한 것을 말하자면 다음과 같다. 첫째, 재산을 나눠가지자 함이라.…[모든 사람의 재산을 평균히 나눠가진 후에] 게으른 사람들이 농사를 안 하던지 하여 토지를 다 버리게 되면 어찌 하겠나뇨? 부지런한 사람들이 부지런히 일해서 게으른 가난뱅이를 먹여야 될 것이오. 이 가난장이는 차차 수효가 늘어서 장차는 저마다 일 안하고 얻어 먹으려는 자가 국중에 가득할 것이다. 둘째, 자본가를 없이하자 함이라.…재정가들의 경쟁이 없어지면 상업과 공업이 발달되기 어려우리니 사람의 지혜가 막히고…모든 물건이 더 진보되지 못하여 물질적 개명이 중지될 것이다. 셋째, 지식계급을 없이하자 함이니. 모든 인민의 지식을 높이는 것은 좋으나 지식계급을 없이하자 함은 불가하다. 넷째, 종교단체를 혁파하자 함이라.…교회조직을 없애는 것은 인류적 손해가 다대할 것이다. 다섯째, 정부도 없고 군사도 없으며 국가사상도 다 없이한다 함이라.[14)]

---

13) 리승만, 「공산당의 당부당」, 『태평양잡지』, 1923년 3월호, 16-17쪽 (영인합본 『태평양잡지』 1, 610-611쪽).

이승만은 공산주의의 잘못된 점은 재산공유제, 자본가숙청, 지식계급 숙청, 종교단체 혁파, 국가폐지 등이라고 지적했다. 이렇게 공산주의의 옳은 점과 그릇된 점을 정리한 다음, 이승만은 "우리 한족에게 제일 급하고 제일 긴하고 제일 큰 것은 광복사업이라. 공산주의가 이 일을 도울 수 있으면 우리는 다 공산당 되기를 지체치 않으려니와 만일 이 일이 방해될 것 같으면 우리는 결코 찬성할 수 없다"[15] 고 말하였다. 우리 민족에게 제일 급하고 제일 긴한 것은 광복사업인 만큼 공산주의도 광복사업에 도움이 되면 받아들이고 광복에 방해가 되면 거부할 것이라는 중립적인 공산주의관을 피력했다.

이승만은 그로부터 다시 1년 후에도 이승만은 공산주의에 대해 동일한 취지의 말을 반복했다. 즉, "세계적 주의가 전파되는 곳마다 민족주의와 충돌이 생기나니 만일 우리가 지금에 이런 주의로 우리끼리 충돌을 내고 보면 우리 생존책에 대하여는 그만한 손해가 있을 터이니 더욱 정신 차릴 일이다. 그러나 우리는 민족 생존책이 급하니,…우리 민족의 생존책을 제일 먼저 해결하기로 우리 모든 사람은 제일 큰 목적을 삼아야 할 것"이라고 말했다.[16]

이승만은 「공산당의 당부당」 발표 후 임시정부에서 안창호파와 공산주의 성향을 가진 파의 합작 공세로 인해 임시정부에서 탄핵을

14) 위의 책, 17-18쪽.

15) 위의 책, 18쪽.

16) 리승만, 「사회공산주의에 대하여」, 『태평양잡지』, 1924년 7월호, 12-13쪽 (영인합본 『태평양잡지』 2, 96-97쪽).

당하여 임시대통령직을 박탈당했다. 공산주의세력으로부터 그러한 모욕을 당한 후에도 공산주의에 대해 중립적인 태도를 유지했다. 그러한 점은 그가 1928년에 윤치영에게 보낸 서한의 내용과 1933년 제네바 국제연맹 회의에서 일본의 중국대륙에 대한 침략을 저지하기 위해 소련을 포함한 국제연대를 구축할 것을 제의한 사실들에서 확인된다.

1928년 초 이승만의 추종자 윤치영은 뉴욕에서 한인 독립운동 단체를 조직함에 있어서 공산·사회주의자들과 함께 할 것인지 여부를 문의하는 서한을 이승만에게 보냈다. 이승만은 그에 대한 답장에서 "물질과 정신 양 방면에서 민중단결을 완성하는 것이 우리 광복사업의 제일보라고 생각합니다. 공산·사회주의자들과 함께 하는 것에 찬성하느냐 하는 문제에 대해서도 여러 동지들의 생각과 차이가 별로 없습니다.…주의의 풍조에 흔들려서 유산계급과 무산계급을 구별하여 우리 민족을 상호 분리케 하는 것은 독립운동을 방해하는 것이니 그것을 다 정지하여 포용과 상호 돕고 보호함으로써 우선 민족 대단결을 이룩하여 우리 민족의 생명인 독립을 완성하자"[17]고 말했다.

이승만은 1933년 제네바에서 개최된 국제연맹 회의에 임시정부의 전권대사로 파견되어 각국의 대표들을 상대로 일본의 대륙침략을 비판하는 외교활동을 전개했다. 그와 아울러 제네바 주재 미국 총영

17) 유영익 등편, 『이승만 東文 서한집』 上, 연세대학교 출판부, 2009, 92~93쪽.

사 겸 국제연맹 옵서버인 길버트(Prentiss B. Gilbert)와 국제연맹 중국대표 호세택(胡世澤)을 만나 미·중·한 3국이 소련과 합세하여 일본의 대륙팽창을 응징하자는 안을 제시하여 그들의 찬동을 얻었으며, 이러한 4개국 항일연대안을 실행하기 위해 소련을 방문했다. 소련은 이승만에게 입국 비자를 발급해 주었으며, 이승만은 그해 7월 모스크바에 도착했으나 소련정부가 돌연 이승만에게 발급한 비자가 '착오'였으므로 즉시 출국하라고 통고하는 바람에 소기의 목적을 달성하지 못하고 소련을 떠났다.[18]

이승만은 이처럼 독립을 위해서는 공산주의자 및 소련과 협력하는 것을 피하지 않는 입장을 취했으나 공산주의세력 및 소련은 이승만을 배척하는 일을 멈추지 않았다. 상해 국민대표회의 때 창조파의 일원으로서 블라디보스토크에 국민위원회를 정착시키려다가 실패한 김규식은 1930년대 무장투쟁을 우선시하는 공산주의자 김원봉과 제휴하여 공산주의에 동조하는 활동을 전개했다. 김규식은 1932년 말 중국 거주 한인동포 사회에 중한민중동맹단(中韓民衆同盟團)을 결성한 다음, 1933년 미국을 방문하여 미국 거주 한인동포 사회에 추종자를 부식했다. 그 중의 한 사람이 한길수이다. 한길수는 중한민중동맹단의 미주대표로 선정되었으며, 훗날 김원봉이 김규식과 더불어 조선민족전선연맹을 결성하자 그 연맹의 워싱턴 대표가 되었다. 한길수는 미국 한인 사회에서의 이승만의 영향력을 약화시키는 투쟁을 전

18) 유영익, 『이승만의 삶과 꿈』, 중앙일보, 1996, 174~176쪽.

개했다.[19)]

한길수의 이승만 배척운동은 미국 한인 사회의 안창호 추종세력의 지원을 얻어 강력해졌다. 미국 한인 사회의 안창호세력은 1941년 재미한족연합회 결성을 주도하고, 이승만에게 주미외교위원부(한국위원부)를 안창호 추종세력이 대폭 참여할 수 있도록 개조하라고 요구했다. 이승만이 그 요구를 거부하자 1944년 워싱턴에 재미한족연합회 사무실을 개설하고 그것을 토대로 이승만을 배제한 임시정부 주미외교위원부를 개설하려고 시도했다.[20)]

한길수와 재미한족연합회의 이승만 견제 · 배척 활동은 미국무부의 지지를 받았다. 당시 미국무부에는 훗날 공산주의자 및 소련간첩으로 판명된 인사들이 요직을 차지하고 있었다. 히스(Alger Hiss) 특별정치국장과 빈센트(John Vincent) 극동국장을 비롯하여 핸슨(Haldore Hanson), 서비스(John Service), 클럽(Oliver Clubb) 등 중국 및 극동문제를 담당하는 주요 관리들이 친공산주의자 내지 공산주의자들이었다.[21)]

한길수와 재미한족연합회의 이승만에 대한 견제 · 배척 활동으로 인해 미국 한인 독립운동에 있어서 이승만의 대표성과 권위는 크게

19) 위의 책, 200쪽.

20) 재미한족연합회의 이승만에 대한 견제활동의 상세한 내용은 김원용, 『재미한인 50년사』, California: Reedly, 1959, 436~444쪽.

21) 2차 대전 종전 무렵 미국무부에 재직 중이던 공산주의자나 친소 · 친중 관리들에 관한 상세한 사항은 William F. Buckley Jr., *McCarthy and His Enemies*, Chicago, Henry Regnery, 1954, pp. 7~11, 192~211, 364~382.

실추되었으며, 2차 대전 말기 미국무부는 이승만을 미국 한인 독립운동의 지도자로 인정해주지 않는 태도를 취했다. 이승만은 1945년 4월 샌프란시스코에서 개최된 국제연합 창립총회에 한민족 대표로 참여하려 했으나, 미국무부의 지지를 받지 못해 이 회의에 참여하지 못하는 수모를 당했다.

독립운동 과정에서 겪은 이승만과 공산주의세력 간의 갈등은 이승만의 반공·반소입장을 강화했다. 이승만은 공산주의세력과의 갈등에 신물이 난 나머지 해방 후 한국에서 좌우합작 같은 것이 추진되면 그에 단호히 반대할 생각임을 측근에게 피력하기도 했다.

4. 건국과정에서의 이승만과 공산세력의 대결

그러나 막상 일본이 항복을 선언하고 난 후 민족단합에 의한 조속한 독립을 위해 좌우합작이 불가피한 상황이 전개되자 이승만은 좌우합작을 수용했다. 조선공산당이 1945년 9월 6일 조선인민공화국(인공)을 선포하고 그 주석에 이승만을 일방적으로 추대했을 때 이승만은 그런 추대를 상당 기간 거부하지 않았다. 인공이란 기구가 공산당이 일방적으로 조직한 변태적인 기구이고, 그 주석이란 직책이 공산당의 허수아비에 불과한 것이었음에도 불구하고 이승만은 그것을 거부하지 않았다.

이승만은 1945년 10월 16일 귀국과 함께 좌우를 초월한 민족 대단결을 통한 조속한 독립 성취의 메시지를 전파했다. 이승만은 귀국 다음날인 17일 저녁에 행한 라디오 방송연설에서 "모든 정당과 당파가 협동하여 우리 조선의 완전무결한 자주독립을 찾는 것이 나의 희망입니다"[22]라고 호소했다.

이승만의 귀국과 이승만의 민족단합 메시지에 대해 좌우익을 초월하여 모든 정치세력들이 환영했다. 우익진영이 환영한 것은 당연한 일이지만 좌익진영이 환영한 것은 특기할 사항이다. 당시 좌익진영의 통일전선 기구였던 조선인민공화국은 이승만의 귀국에 대해 다음과 같은 환영성명을 발표했다.

> 조선인민공화국의 주석 이승만 박사는 드디어 귀국하였다. 삼천만 민중의 경앙대망(敬仰待望)의 대상이었던 만큼 전국은 환호에 넘치고 있다. 우리 해방운동에 있어서 박사의 위공은 다시 말할 필요조차 없는 것이다. 조선인민공화국 주석으로서의 추대는 조선인민의 총의이며 이러한 의미에 있어서 해방조선은 독립조선으로서의 위대한 지도자에게 충심으로 감사와 만강의 환영을 바치는 것이다.[23]

이승만도 방송연설을 통해 좌익진영의 환영에 화답했다. 그는 10월 21일 저녁에 행한 방송연설에서 "나는 공산당에 대하여 호감을 가지고 있는 사람입니다. 그 주의에 대하여도 찬성하므로 우리나라의

---

22) 우남실록편찬위원회 편, 『우남실록』, 열화당, 1976, 309쪽.

23) 『매일신보』 1945년 10월 18일자.

경제대책을 세울 때 공산주의를 채용할 점이 많이 있습니다"[24]라고 천명했다. 조속한 독립을 위해 공산당과 협력할 의지가 있음을 확인한 것이다.

이러한 입장에서 이승만은 우리 민족의 모든 정치세력이 하나가 되어 독립을 조속히 실현하기 위한 단체로서 조선독립촉성중앙협의회(독촉중협)의 결성을 제안했다. 이승만은 독촉중협을 결성하기 위한 준비모임에서 친일파숙청 문제와 임시정부 봉대 문제를 둘러싸고 좌우익이 대립하면 어느 한쪽을 편들지 않고 중재자의 입장에서 "악수할 점이 있으면 무조건 악수하고 나가자"고 호소했다. 그리하여 해방정국에서 처음이자 마지막으로 좌우를 초월한 모든 정치세력이 실질적으로 참여한 단체인 독촉중협이 결성되었다. 이승만은 좌익이 독촉중협에서 이탈하는 것을 방지하기 위하여 여운형과 박헌영을 상대로 별도의 단독회담을 가지면서 그들의 참여를 설득했다.

독촉중협에 참여한 공산당은 연합국에 보내는 독촉중협의 메시지 내용, 이승만의 인공주석 취임, 독촉중협 중앙집행위원회 위원 배정 등을 놓고 이승만과 줄다리기를 했다. 공산당은 이승만이 초안을 작성한 연합국에 보내는 메시지에 미·소가 한반도를 분할 점령한 것에 대한 책임을 느끼라고 촉구하는 구절이 연합국에 불손한 내용이라는 점을 들어 그것의 수정을 요구했고, 이승만에게 조속이 인공주석에 취임할 것과 인공 주석에 취임하지 않으면 이승만을 지도자

24) 『우남실록』, 314쪽.

로 받들지 않고 '민족통일전선 분열의 최고 책임자로 규정할 것'이라고 협박했다. 또한 독촉중협 중앙집행위원회에서 좌익이 과반수를 차지하여 독촉중협의 주도권을 장악할 수 있도록 하려는 노력을 전개했다.

연합국에 보내는 메시지 수정이라는 쟁점은 수정을 요구했던 박헌영이 문안수정 회의에 불참하고, 공산당이 독자적으로 연합국에 메시지를 보냄으로써 해소되었다. 이승만에 대한 인공 주석 취임요구는 이승만이 공개적으로 취임을 거부하고, 그에 대해 좌익이 이승만을 초당파적 인사로 취급하지 않겠다고 선언함으로써 피장파장이 되었다.

독촉중협 중앙집행위원의 정당 · 사회단체별 배정 인원수가 11월 중순에 확정되었다. 전체적으로 좌우균형을 맞춘 배정이어서 과반수를 차지하려는 좌익의 희망에는 못 미치는 것이었다. 공산당을 중심으로 한 좌익은 독촉중협 중앙집행위원회 구성을 보이콧하고 위원배정이 재조정되지 않으면 독촉중협에서 탈퇴하겠다는 태도를 취했다. 각종 장애물을 설치하면서 독촉의 정식 출범을 방해하는 공산당의 행태에 실망한 이승만은 1945년 11월 21일 공산당의 그러한 행태를 온건하게 비판하는 방송연설을 했다. 이승만의 공산당 비판 연설이 방송되자 공산당을 비롯한 좌익이 반발하여 독촉중협에서 탈퇴했다.

이러한 공산당의 행태에 분노한 이승만은 12월 19일 저녁에 방송된 라디오 방송연설을 통해 공산당에 대한 대결을 선언했다. 이승만은 그 연설에서 다음과 같이 말했다.

> 한국은…공산당을 원치 않는다는 것을…세계 각국에 선언합니다. 이왕에도 재삼 말한 바와 같이 우리가 공산주의를 배척하는 것이 아니오, 공산당 극좌파들의 파괴주의를 원치 않는 것입니다.…소위 공화국이라는 명칭을 조작하여 국민 전체에 분열 상태를 타인에게 선전하기에 이르다가, 지금은 민중이 차차 깨어나서 공산당에 대한 반동이 일어나매 간계를 써서 각처에 선전하기를 저들이 공산주의자가 아니요 민주주의자라 하여 민심을 현혹시키니 이 극렬분자들의 목적은 우리 독립국을 없이해서 남의 노예로 만들고 저의 사욕을 채우려는 것을 누구나 볼 수 있는 것입니다.…이 분자들과 싸우는 방법은 먼저는 그 사람들을 회유해서 사실을 알려주시오.…시종 고치지 않고 파괴를 주장하는 자는 비록 친부형이나 친자질(親子姪)이라도 원수로 대해야 할 것입니다.[25)]

이승만의 공산주의에 대한 반대태도는 소련과 북한공산주의자들이 1946년 2월 북조선임시인민위원회라는 단독정권을 만들고 무상몰수-무상분배 방식의 토지개혁을 실시하는 등 북한을 사회주의화하기 시작하면서 더욱 강화되었다. 이승만의 강화된 반공태도는 북한이 공산화된 후 남한까지 공산화되는 것을 막기 위해 남한에 자유총선거에 의한 민주정부를 조속히 수립하는 운동에 매진하도록 만들었다.

---

25) 『서울신문』, 1945년 12월 21일자.

이승만의 그러한 입장은 남한에서의 정부수립 문제와 관련된 그의 다음과 같은 설명에서 잘 드러난다.

> 단독정부라는 말은 당초에 누가 만들어낸 말인지 모르겠으나 내가 거의 1년 반 전에 미주에서 돌아와서 문자와 언론으로 성명한 것은 과도정부로 남북을 대표한 정부를 수립하기로 한 것인데 선거를 반대하는 사람들이 단독정부라는 언론을 내서 인심을 현혹시킨 것이니, 이들은 총선거도 말고 정부도 수립하지 말고 가만히 앉았다가 공산화하고 말자는 것이다.…남조선에 정부수립이 되면 남북분열은 영구히 인정하는 것으로 남북이 병행할 수 없으므로 총선거를 지지할 수 없다는 말이 있으나 이는 사리에 당치 않은 말이다. 사람의 몸에 한 편이 죽어가는 경우에는 살아있는 편이라도 완전히 살려서 죽은 편을 살리기를 꾀할 것인데 다른 방책 없이 운명을 기다리고 있다면 살아 있는 편까지 마저 죽어 버리자는 것으로 누구나 알아들을 수 없는 말이다. 이북동포들은 사지에 빠져 하루가 10년같이 이남동포들이 살려낼 기회가 있기를 바라고 기다리는 이 때에 우리가 아무것도 않고 방임하고 있다면 이는 인정도 아니요, 동족상애의 도리도 아닐 것이니 우리는 할 수 있는 대로 용진하여 같이 살아야 할 것이다.[26]

이러한 이승만의 반공→남한정부 수립은 북한 공산주의세력이

---

26) 『동아일보』, 1948년 3월 2일자 ; 『우남실록』, 515쪽에서 재인용.

1946년 2월 북한의 단독정권인 북조선임시인민위원회를 설립하면서 북조선민주기지론을 정립한 사실에 비추어볼 때 정당성을 갖는다. 북한 공산세력과 그 지휘를 받는 남한 공산세력은 북한을 확고하게 공산화한 후 그것을 기지로 삼아 남한까지 공산화하자는 북조선 민주기지론에 입각하여 남한까지 공산화하기 위해 강력히 투쟁했다. 북한을 공산주의체제로부터 해방시키지는 못할지라도 남한만은 공산화를 방지해야 되겠다는 이승만의 입장은 남한까지 공산화하려는 남북한 공산세력의 입장과 정면으로 대립할 수밖에 없었다. 남한에 반공정권을 수립하는 문제를 둘러싼 이승만과 공산세력 간의 싸움에서 결국 이승만이 승리하게 되었고, 그 승리의 결과 1948년 8월 15일 대한민국이 건국되었다.

5. 건국 직후 3년 동안의 이승만의 반공

이승만은 공산당과 사생결단의 투쟁을 거쳐 대한민국을 건국했음에도 불구하고 건국 당시에는 공산당에 대해 전면적 거부 입장을 취하지 않았다. 이승만은 1948년 7월 24일의 대통령 취임식 연설에서 다음과 같이 말했다.

> 이북동포 중 공산주의자들에게 권고하노니…남북의 정신통일로 우리 강토를 회복해서 조상의 유업을 완전히 보호하여 가지고 우리끼리 합

> 하여 공산이나 무엇이나를 민의를 따라 행하는 것이 좋을 것입니다.…우리는 공산당을 반대하는 것이 아니라 공산당의 매국주의를 반대하는 것이므로 이북의 공산주의자들은 이것을 절실히 깨닫고 일제히 회심해서 우리와 같이 같은 보조를 취하여 하루 바삐 평화적으로 남북을 통일해서 정치와 경제상 모든 권리를 다 같이 누리게 하기를 바라며 부탁합니다.27)

공산당에 대한 부분적 포용의지를 가지고 있던 이승만의 공산주의에 대한 태도는 1949년 9월 9일 북한에서 조선민주주의인민공화국이 성립되면서 그 포용성이 약화되었다. 북한에서 성립된 북조선민주주의인민공화국은 공산주의자들의 논리에 따르면 북한의 정부가 아니라 남한까지 포괄하는 한반도 전체의 정부이다. 북한의 단독 임시정부는 1946년 2월 북조선임시인민위원회의 조직으로 성립되었고, 북한의 정식 정부는 1947년 2월 북조선인민위원회의 조직으로 성립되었다. 남북한의 공산주의자들은 남북협상회의 등을 통해 한반도 전체를 커버하는 정부를 구성하기 위한 형식적 절차를 진행했고, 마침내 조선민주주의인민공화국을 성립시킨 것이다. 대한민국이나 조선민주주의인민공화국이나 한반도 전체를 자기들의 영토로 선언하는 점에서는 차이가 없으나, 상대방에 대한 공격성은 인공이 더 강했다. 대한민국은 북한지역을 대표할 국회의원을 공석으로 남겨놓고

27) 『우남실록』, 553쪽.

정부를 수립했지만 인공은 남한지역을 대표하는 인민회의 대의원을 조작하여 남북한 전체의 인민회의 대의원을 토대로 정부를 수립했다. 공산주의세력의 이 같은 거짓 조작극은 이승만으로 하여금 공산당에 대한 포용의지를 약화시키지 않을 수 없도록 만들었다.

공산주의자들은 조선민주주의인민공화국을 한반도 전체의 정부인 것처럼 꾸며댄 데 이어 남한 도처에서 인공에 대한 지지를 유도하는 투쟁을 전개했다. 마침내는 1948년 10월 여수 순천지역에서 대규모 군사반란을 일으켜 대한민국을 파괴하려 했다. 이러한 공산주의세력의 도발은 이승만 정권으로 하여금 공산주의세력의 도발을 억제하기 위한 법률인 국가보안법을 제정하도록 유도했다.

국가보안법은 당초 이승만정부가 제안한 법률이 아니다. 이 법률을 처음에 제안한 사람은 제헌의회에서 친일파숙청을 강력하게 주장하는 민족주의의식과 공산분자들의 도발에 대한 억제책 강구를 적극적으로 촉구하는 반공의식을 동시에 갖춘 소장파 의원 김인식이었다.[28] 김인식은 동료의원 32명의 지지를 받아 9월 20일 「대한민국 내란행위 특별 처벌법」을 제정할 것을 제안했으며, 국회는 9월 29일 김인식이 제안한 법률의 초안을 법제사법위원회에서 작성하여 본회의에 제출하도록 결의했다.

법사위원회는 처음에는 초안작성에 소극적이었다. 여순반란사건이 발생한 후 소집된 국회가 법사위에 김인식이 제안한 법률 초안의

28) 이러한 사실은 일부 저술가들이 국가보안법의 제정이 친일파들에 의해 주도된 것처럼 기술한 것이 잘못된 것임을 확인해준다.

작성을 재촉한 후에야 법사위의 초안작성이 진행되었다. 11월 9일 법사위는 김인식이 제안했던 「내란행위 처벌법」의 명칭을 「국가보안법」으로 바꾸어 그 초안을 본회의에 제출했다. 이승만정부는 국보법의 국회통과를 위해 적극 노력했다. 국회 본회의에서는 국보법의 제정을 저지하려는 의원들이 다양한 방법으로 입법을 방해했다. 그들의 대부분은 훗날 남로당 프락치로 처벌되었다. 그러한 방해를 극복하고 국보법은 11월 19일 재석 121 중, 찬성 84, 반대 3의 압도적 찬성으로 통과되었다. 국보법의 제정으로 이승만정부의 반공노력은 종전보다 효율적으로 진행될 수 있었다.

여순반란사건 이후 보다 강경해지고 있던 이승만의 반공입장은 중국의 공산화 위기가 심각해지면서 한층 강화되었다. 이승만은 중국 대륙이 공산화 위기에 처한 상황을 보면서 민주주의와 공산주의는 상반되는 이념이므로 민주주의를 지키려면 공산주의와 비타협적으로 싸워야 한다고 주장하고, 일본 군국주의와 타협한 것이 태평양전쟁의 재난을 초래했던 것과 마찬가지로 공산주의와 타협하는 것은 공산화를 초래하게 될 것이라고 경고했다.[29] 이승만은 중국 대륙의 공산화 위기를 목격하면서 남한의 공산화 가능성을 걱정하게 되었고, 보다 효과적인 반공투쟁을 위해 민족통합주의와 자유민주주의 및 반공을 하나의 체계로 묶은 사상을 제시했다. 그것을 이승만은 일민주의(一民主義)로 명명했다. 이승만은 1949년 6월에 『일민주의 개술

29) 「민주와 공산은 상반된 이념」, 『대통령이승만박사담화집』, 제1집, 공보처, 1953, 11쪽.

(槪述)』이란 책자를 발간하고 일민주의보급회를 만들어 일민주의를 대중에게 널리 홍보했다. 이승만은 자기가 일민주의를 제창하게 된 이유를 다음과 같이 설명했다.

> [민주국가들이 공산주의의 혁명공세를] 이 이상 방임하면 민주주의는 물론하고 자유나 독립까지도 다 없어지고 소련의 한 부속국이 되고 말 것이다.…나라마다 각각 저이를 위하여 [공산주의와] 싸우는 것 같이 우리도 우리를 위해서 공산당과 싸우는 것이다. 이 싸움이 아직은 사상적 싸움이므로 이 정도가 변해서 군사적 싸움이 될 때까지는 사상으로 사상을 대항하는 싸움이 되는 것이다. 민주주의로 공산주의를 대항하는 것은 [민주주의] 사상이 너무 평범해서 이론상 엄밀한 조리에 들어서는 공산주의 선전을 대항하기에 어려울 것이므로 일민주의 하에서 4대정강을 정하여 한 정당을 세워 일변으로 공산화를 배격하며 일변으로는 민주주의의 영구한 토대를 삼기로 한 것이다.[30]

이승만은 이 무렵 북한 공산정권과의 타협에 대해서도 더욱 부정적으로 되었다. 1949년 10월 3일 제4차 유엔총회 특별정치위원회가 유엔한국위원단을 존속시키기로 결정한 것에 대해 환영한다고 논평하면서, 북한 공산정권과는 타협을 해서는 안 된다는 것을 주장했다. 이승만은 유엔한국위원단이 앞으로 활동을 함에 있어서 “북한공산당

30) 이승만, 『일민주의 개술』, 일민주의보급회, 1949, 15-17쪽.

의 인도자들과 합석해서 협의나 토의를 하겠다는 이야기는 말아주어야 하겠다. 우리는 민주주의를 위해 공산당과 싸우는 것이니 이북 공산당과 협의하는 것은 우리에게 많은 손실이 될 뿐이다"[31]라고 단호히 말했다.

공산주의세력과의 비다협적 대결을 강조한 이승만은 남한에 있는 공산주의자들에 대해서는 전향하면 너그럽게 포용해 주는 정책을 취했다. 이승만은 남한 내 공산주의자들에 대한 적극적 사상전향공작을 전개하기 위해 1949년 6월 국민보도연맹을 결성하도록 했다. 보도연맹은 전향한 좌익분자들에게 전과를 묻지 않고 직장 알선 등의 혜택을 제공하면서 전향공작을 전개했다. 남한 내 좌익세력에 대해 적극적인 전향·포용공작을 전개한 것은 그들을 대한민국에 충성하는 국민으로 만들고, 동시에 북한의 무력남침과 같은 일이 벌어졌을 때 북한군에 동조하여 대한민국 국군의 등을 공격하는 일이 없도록 하기 위한 것이었다.

이승만은 이 무렵 공산세력과의 대결은 무력전쟁보다 사상전쟁이 더 중요하다는 생각을 하고 있었다. 이승만은 6·25전쟁이 발발하기 직전인 1950년 6월 20일 국회에서 행한 연설에서 세계 전체가 민주진영과 공산진영으로 양분될 것이며, 두 진영 간의 전쟁은 무력전쟁과 사상전쟁의 두 측면을 가지게 될 것이라고 전망하면서, 무력전쟁과 사상전쟁 중 사상전쟁이 더 위험하다고 주장했다. 이승만은 그

31) 『조선일보』, 1949년 10월 8일자.

이유를 다음과 같이 설명했다.

> 첫째, 소련이 배후에서 무력을 확장하면서도 전면으로는 공산주의를 내 세우고 세상을 속여서 인심을 정복하는 고로 민주국가에서는 심상히 방임해서 대부분 적화되는 것을 두려워하지 않는 것이요. 둘째로는 공산정부에서 전무한 압제정책을 쓰면서 표면으로는 민주국가라는 표준을 내세우는 고로 자유를 원하는 민족들이 그에 속아서 그물에 걸린 고기와 같이 다시는 빠져나올 수 없는 것이요. 셋째로는 세계 지도자들이 평화를 주장한다는 의도로 잠시 평안한 것을 위해서 무마수단으로 번번히 양보하며 끌려들어가서 협의와 합작을 주장하다가 얼마는 벌써 걸려들어 갔고 얼마는 아직도 깨닫지 못하고 끌려들어가고 있는 중이다.[32)]

이승만은 냉전으로 불리우는 사상전에서 민주세력이 공산세력에 밀리는 것은 민주세력의 타협노선 때문이라고 말했다. 그는 또 공산권과 타협하면서 대치하는 냉전적 대결로서는 공산화위협으로부터 민주국가들을 보호할 수 없음으로 열전으로 싸워서 민주국가들을 공산화 위협으로부터 지켜야 하며, 그것도 선제적으로 열전을 전개해야 한다고 주장했다.[33)]

---

32) 「정부 지지를 요망」, 『대통령이승만박사담화집』, 제1집, 35쪽.

33) 위의 책, 36쪽.

6. 6 · 25전쟁 발발 이후 이승만의 반공

북한군의 남침으로 인한 6 · 25전쟁은 이승만의 반공태도를 더욱 강경하게 만들었을 것임은 불문가지의 일이다. 6 · 25전쟁으로 인해 이승만의 반공태도는 "공산주의자와는 함께 살 수 없다"는 태도로 더욱 강화되었다. 이러한 이승만의 반공태도 강화는 1951년 3월의 3 · 1절 기념사의 다음과 같은 언명에서 확인된다.

> 이번 우리 전쟁에서 유엔군의 많은 희생과 우리 국군의 많은 희생으로서 세계에 확실히 증명한 것이 첫째 대내적으로는 우리 민족이 공산의 악화가 어떠하다는 것을 철저히 깨달아서 공산주의자와는 함께 살 수 없다는 것을 확실히 파악시킨 것입니다.…아직까지도 모든 자유국가들 중에 공산문제를 평화적으로 해결한다 협의적으로 해결한다 [고 말하]는 정치대가들이 [있는데,] 실로 그 분들의 목적이나 그 결과는 도리어 공산진영을 유익하게 해서 전쟁을 피하기 어렵게 하므로 우리가 주장하는 바는 그와 달라서 우리 국내에 있는 공산분자들을 다 감화시켜 민주진영을 절대 지지하든지 그렇지 못한 사람들은 다 자유행동이나 자유언론을 못하게 만드는 것입니다.[34]

이승만의 이러한 반공태도 강화는 그로 하여금 한편으로는 협상

---

34) 「3 · 1절 기념사」, 『대통령이승만박사담화집』, 제1집, 47-48쪽.

에 의한 6·25전쟁의 휴전에 반대하고 휴전협정이 체결된 이후에는 휴전협정을 파기하고 북한 및 공산진영에 대한 선제공격에 의한 전쟁수행을 주장하도록 만들었으며, 다른 한편으로는 반공을 위해 민주주의 원칙을 위반해도 된다는 태도를 갖게 만들었다.

이승만은 미국이 공산군과 휴전협상을 진행하자 휴전협상에 강력 반대하면서 휴전거부 대중투쟁을 선동했다. 그러면서 이승만은 우리 국민의 반대에도 불구하고 공산군과 휴전을 하려는 미국에 대해 '전쟁이 하기 싫어서', '무책임하게' 행동하고 있다고 비난했다. 아울러 38선에서 휴전을 하는 것의 문제점을 다음과 같이 지적했다.

> 38선문제이다. 선의를 가진 다수 인사가 유엔군이 38선에 도달하였는데 전투를 정지하라는 제안을 하였던 것이다.…한국은 4천년을 넘는 역사를 통하여 통일국가로서 존속해 왔던 것이다. 한국을 통일된 독립국가라는 그의 역사적 지위를 회복시키는 것이 유엔이 선언한 바 목적이요 사명인 것이다.…만약, [38선에서 휴전을 한다면] 파멸을 당하고 말 것이라는 것을 한국인은 잘 알고 있는 것이다.…유엔이 선언한 목표를 달성하기 위하여서는 승승장구하는 유엔군은 반드시 북진하여 압록강 두만강을 따라있는 한국과 만주간의 자연적 경계선까지 진격하여야 하는 것이다.…한국의 진실한 벗이라면 공산주의의 진실한 적이라면 결코 이 전쟁의 최후목적인 한국의 통일과 독립을 완수하고 완전한 승리를 획득하기 전에는 어디서든지 간에 정지하지 않을 것이다.[35]

이승만은 또 “아군이 38선을 넘으면 대전이 일어난다”는 공론을 만들어 그것을 구실로 해서 38선을 경계로 휴전할 것을 주장하며 한국에게 휴전협정 수용을 강요하는 미국에 반발하여 국군의 독자 북진을 주장하기도 했다. 이승만은 그러한 입장을 다음과 같이 천명했다.

> 우리가 38선을 안 넘는다면 어떻게 대전을 막을 것인가. 안 올라가면 이북 괴뢰군이나 중공군이 우리들을 쳐서 죽일려고 하는데 우리는 가만히 앉아서 죽을 것인가? …우리가 담대히 서서 유엔우방의 협력을 얻어 압록강 두만강까지 올라가서 국토를 회복하므로서 전쟁의 목적을 성취하는 것이 즉 세계대전을 방지하는 것이므로 그 목적을 달성할 때까지는 죽드래도 싸운다는 것을 각오할 것이다.…지금이라도 유엔군이 우리는 안 싸우겠다면 우리로서는 만일 무기가 없으면 돌맹이나 부지깽이라도 가지고 끝까지 싸울 수밖에 없다.…공산을 우리나라 안에서 살리려고 한다면 우리가 우방의 도움을 받거나 못 받거나 다 막론하고 이를 반대할 것이요 우리가 국토를 회복해서 자유권을 가진다는 데는 누구나 우리 앞을 막지 못할 것을 우리가 선언하고자 한다. 그러므로 모든 민중은 더욱 결심해서 우리나라는 우리의 것이요 이 전쟁은 우리의 전쟁이니 친구가 와서 돕는 것은 감사하나 어디까지나 나간다는 것을 우리가 작정해야 하는 것이다. 이것을 말로만 여

35) 「한만국경까지 진격하라」, 『대통령이승만박사담화집』, 제1집, 50~51쪽.

기지 말고 앞에 태산 같은 장애가 오드래도 우리가 주저 없이 일제히 일어나서 밀고 올라갈 것을 맹서해야 할 것이다.36)

이승만 비판자들은 이승만의 이러한 휴전반대-북진통일 노선을 민족상잔 전쟁을 지속하려는 것이라고 비판한다. 그들은 이승만이 남한까지 공산화되는 것을 저지하기 위하여 대한민국 건국에 앞장선 데 대해서는 민족분단을 추구했다고 비난하며, 북한공산군을 몰아내고 남북통일을 이루자는 이승만의 휴전거부 입장을 민족상잔을 지속하려는 것이라고 비판한다. 자가당착이다. 북한군의 남침으로 민족상잔 전쟁이 전개된 상황에서 그런 민족상잔의 비극이 재발하지 않도록 하려면 민족상잔 전쟁을 일으킨 자들을 응징하고 한반도를 통일하는 것이 가장 확실한 방법이라는 점을 생각하면, 이승만이 6·25 전쟁 기간 중에 휴전반대-북진통일을 주장한 것은 부당하지도 반민족이지도 않다. 오히려 그가 천명해온 민족통합주의 노선에 부합한 것이다.

휴전협정이 체결된 후에도 이승만은 휴전을 비판하고 북한 및 공산진영에 대한 전쟁 수행을 거듭해서 촉구했다. 이승만은 1954년 7월 미국을 방문하여 의회에서 행한 연설에서 다음과 같이 말했다.

한국 전선에서 이 순간 총성은 멈췄습니다. 그러나 그것은 현명치 못

---

36) 「통일국권을 위하여」, 『대통령이승만박사담화집』, 제1집, 52~53쪽.

한 휴전협정 때문에 잠시 멈췄을 뿐이며, 적들은 이 기회를 이용하여 힘을 키우고 있습니다. 이제 제네바회담이 예상했던 대로 아무 결과 없이 결렬되었으니, 휴전의 폐기를 선언할 때입니다!…수년 안에 소련은 미국을 궤멸시킬 수단을 소유하게 될 것입니다. 우리는 지금 행동해야 합니다. 어디서 시작할 수 있겠습니까? 바로 극동지역입니다.…한국 전선은 우리가 승리하고자 하는 전쟁 즉, 아시아를 위한 전쟁, 세계를 위한 전쟁, 지구상의 자유를 위한 전쟁 중 작은 일부일 뿐입니다.[37)]

6 · 25전쟁 휴전 후 이승만은 공산주의는 세계의 공산화를 추구하므로 공산당과 평화롭게 지낸다는 것은 공산당에게 세계 적화 기회만 제공하는 것이며, 공산당의 세계 적화를 저지하려면 목숨을 걸고 투쟁해야 하며 군인과 민간인이 함께 일어나 군사공격에 의한 북진통일을 성취하자고 줄곧 역설해왔다. 이승만은 1957년 6월 25일 발표한 기념사에서 6 · 25전쟁은 소련의 세계적화계획의 일환이며, 자유진영이 소련의 세계적화전략을 저지하지 못하면 인간의 자유권이나 민주국가는 있을 수 없고, 자유진영과 공산진영 사이에 전개되고 있는 싸움에서 그 판세를 좌우하는 관건적 위치에 대한민국이 있다

---

37) ROK Office of Information, *President Syngman Rhee's Journey to America*, Seoul, Office of Information, 1955, pp.15-22 ; 홍승표, 「현실주의 시각에서 본 이승만의 반공노선」, 서울대 국제문제연구소 편, 『이승만과 제1공화국』, 논형, 2007, 77쪽에서 재인용.

고 주장했다.[38] 이어서 이승만은 다음과 같이 말하였다.

> 공산당의 침략자들은 [무력침략뿐만이 아니라] 괴휼하고 냉정한 수단으로 세력과 음모를 병행해서 행하는 고로 저의 침략이 무력할 적에는 외교수단으로 나서서 속이는 수단을 썼으니 여러 번을 전쟁에 다 지게 된 것을 뒤집어가지고 저이가 이겨가는 모양으로 내놓고서는 저이들이 은혜를 베풀어서 평화로히 시작하려는 태도를 보여 가지고 민주국가가 해가는 제도를 따라서 평화담판으로 시작하자는 태도를 표시한 것입니다. 한국의 휴전협정은 즉 이와 같은 수단으로 공산당이 성공한 중에 한 가지입니다. 아직도 민주국가들 중에서는 더 충동이 없고 또 전쟁으로 좌우 결말을 낼 필요도 없이 자유권을 누리며 또한 높은 생활 정전을 계속할 수 있기를 바라는 그러한 형편 중에 있는 것입니다.…[그런 생각을 하는 사람들은] 공산당들이 세계를 정복하자는 기본정책을 전수히 포기해 버렸다는 거짓말을 믿어야 될 것입니다.…대한민국이 우리 국민의 용맹스런 결심으로 요동 없이 일어서서 …불공평한 타협으로 해결되는 것을 전적으로 거부하고 있다는 것은 기념될 일입니다.[39]

이승만은 이처럼 공산당에 대해 타협적으로 나가는 것은 공산당에 말려드는 것이므로, 타협하지 말고 굳세게 전쟁으로 맞서 싸울

38) 「6·25기념사」, 『대통령이승만박사담화집』, 제3집, 공보실, 1959, 43쪽.
39) 위의 책, 45-46쪽.

것을 거듭 촉구한 것이다.

7. 맺음말

이제까지 이승만의 민족통합 노력과 공산주의세력 간의 작용-반작용 관계를 5개의 시기로 나누어 추적해 보았다. 다시 간략하게 정리하면 다음과 같다.

■ 독립운동 초기 이승만은 우리 민족의 독립운동에 대한 소련의 지원을 기대하며 임시정부의 연락원을 소련에 파견하는 등, 소련과 공산주의에 대해 비적대적 태도를 취했다. 또한 이승만은 파벌갈등으로 사분오열된 상해임시정부의 단합을 시도했다. 그러한 이승만의 노력에 대한 공산 측의 대응은 부정적이었다. 소련 지도부는 이승만이 보낸 연락원을 무시했다. 임시정부에 관여하고 있던 공산주의세력은 안창호세력과 연대하여 임시정부 임시대통령 이승만을 탄핵하여 축출했다. 이승만은 임시정부의 파벌들을 단합시키려 했는데 공산주의자들이 앞장서서 이승만을 임정에서 축출했다는 것은 공산주의자들이 반통합주의적이었음을 드러낸다. 따라서 이 시기의 이승만의 반공은 민족통합주의와 양립한다.

■ 이승만은 1930~40년대에 공산주의에 대한 비판적 입장을 천명했다. 그의 글 「공산당의 당부당」에서 밝힌 바와 같이 이승만의 공산

주의에 대한 비판은 반공을 위해서 민족통합을 버리는 것이 결코 아니다. 이승만은 공산주의의 '평등주의'를 매우 높이 평가했고, 사유재산제 폐지, 자본계급 제거, 지식인계급 숙청, 종교 억압 등만 비판했다. 이승만은 이처럼 공산주의의 옳은 점과 옳지 않은 점을 분석한 후 공산주의가 우리 민족의 '광복사업(독립달성)'에 도움을 주면 그것을 지지하겠고 방해하게 되면 반대하겠다고 천명했다. 이승만은 1945년 10월 해방된 조국으로 귀국할 때까지 유지했다.

■ 해방 직후인 9월 초 박헌영은 조선인민공화국을 조작 · 선포하면서 주석에 이승만을 일방적으로 선임했다. 이승만은 귀국할 때까지 인공 주석 취임을 거부하지 않았다. 귀국 후 추진할 민족통합 공작에 이용하기 위해서였다. 이승만은 1945년 10월 귀국하자마자 민족통합 공작을 전개했다. 우리 민족의 모든 정치세력이 대동단결하여 미 · 소 점령통치로부터 벗어나는 독립을 조속히 달성하자는 목적에서였다. 그 결과 좌 · 우 · 중 모두가 참여하는 조선독립촉성중앙협의회가 구성되었다. 공산당은 처음엔 독촉중협에 참여하다가 얼마 되지 않아서 친일파 숙청 선행, 독촉중협 중앙집행위원 배정에 있어서 좌익 측 인사들의 비율 확대 등을 주장하며 독촉중협 구성의 진전을 방해했다. 공산당을 비롯한 좌익 진영은 그러한 공산당의 주장이 거부되자 독촉중협에서 집단 탈퇴했다. 이에 분노한 이승만은 그해 12월 19일 파괴적 공산분자에 대해서는 '친부형(親父兄)이나 친자질(親子姪)이라도 원수로 대하라'는 내용의 반공연설을 했다. 그 후 이승만은 남북한이 남북이 공산화 통일되는 것을 저지하기 위해, 공산

당과 그에 추종·연대하는 세력들의 각종 방해를 극복하고 대한민국의 건국을 주도했던 것이다.

이 시기에 있어서 이승만의 반공은 민족통합주의와 모순되지 않는다. 이승만의 민족통합추구를 공산세력이 방해하자 그에 대한 반작용으로 이승만이 반공입장을 취했기 때문이다. 다시 말해서, 이승만의 반공은 민족통합을 위한 반공이었고, 공산화 통일을 저지하기 위한 반공이었던 것이다.

■ 대한민국이 건국된 직후 2년 동안에도 이승만의 민족통합주의 노선과 반공은 양립했다. 이승만은 한편에서는 반공성향 국회의원들과 협조하여 국가보안법을 제정했고, 뒤이어 일민주의를 제창했다. 다른 한편에서는 좌익분자들의 전향을 적극적으로 유도하고 전향한 좌익인사들이 대한민국 국민으로서 안정된 생활을 유지하도록 지원하기 위해 국민보도연맹을 결성하도록 했다. 건국 이전에 좌익활동을 한 인사들을 민족통합의 관점에서 적극적으로 전향시켜 포용하려 한 것이다.

이렇게 볼 때, 이 시기에도 이승만의 민족통합 노선과 반공은 상호 배치되지 않았다.

■ 6·25전쟁 기간 중에도 이승만의 민족통합 노선과 반공은 양립·병행했다. 이승만은 남침해온 북한공산군을 전 국민이 단결하여 목숨 걸고 물리칠 것을 호소했다. 6·25전쟁을 겪으면서 이승만의 반공을 멸공(滅共)으로 더욱 격화되었지만 이승만의 민족통합 노선도 공고하게 유지되었다. 이승만의 민족통합 노선은 반공포로석방과

공산주의 이론과 이상을 긍정적으로 평가하는 연설을 한 데서 작용했다. 이승만은 북한군 포로들 가운데 반공의식이 강한 사람들을 석방하여 대한민국 국민으로 포용했다. 반공포로석방은 국제법을 위반할 뿐만 아니라 미국의 반대를 무시한 것이었음에도 불구하고 이승만의 민족애는 그러한 조치를 과감히 취하도록 한 것이다.

이승만은 6·25전쟁이 진행 중이던 1951년 8월 15일 제3회 광복절 기념사에서 공산주의에 대해 다음과 같이 말했다.

> 공산주의도 또한 혁명적 사상입니다. 그 지도자들이 주창하는 바는 자기들도 자유와 평등을 위해서 싸운다 하며 또 선언하기를 자기들은 민주주의보다 한층 더 나가서 다만 정치적 자유뿐만 아니라 경제적 자유까지도 보장한다 합니다.…압제정치와 계급구별로 학대받는 대중인민을 정치상으로만 해방할 뿐만 아니라 경제상으로도 해방해야 자유평등권을 실로 얻는다고 한 것입니다. 이론상으로 말하면 나도 이 주의를 옳다고 인정하는 바입니다. 만일 이 주의를 전파하는 사람들이 단순히 이 주의를 주의대로 전파하면 나도 그 분들을 존경할 것입니다.…그러나 이 공산주의를 선전하는 사람들이 이 아름다운 이상으로 양의 가죽을 만들어서 세계를 정복하자는 야심자를 덮어노아서 공산주의를 소련의 앞제비로 쓰고 있는 것입니다.[40)]

---

40) 「기념사 : 제3회 광복절을 맞이하여」, 『대통령이승만박사담화집』, 제1집, 59쪽.

북한공산군의 남침으로 국가가 큰 시련을 겪는 속에서도 '공산주의의 이론은 좋다', '공산주의의 이상은 아름답다'고 말하고, 공산주의를 '주의대로' 전파하는 사람들을 존경할 것이라고 말한 것은 놀라운 일이다. 이승만으로 하여금 이런 놀라운 발언을 하도록 만든 것은 그의 민족통합주의 사상이라 할 수 있다. 민족통합주의는 공산주의자라도 소련의 앞잡이가 아니면서 그 이상을 중심으로 전파하는 사람들은 포용할 수 있다는 생각을 갖도록 이승만을 유도한 것이다.

이 시기에도 이승만의 민족통합 노선과 반공은 상호 배치되지 않았다.

이승만의 민족통합 노력과 공산주의세력 간의 작용-반작용 관계를 정리해 놓고 보면, 모든 시기에서 이승만의 민족단합 노력과 반공은 양립했다는 것이 명확하게 드러난다. 이승만에게 있어서 반공은 자기의 민족단합 노력을 공산주의세력이 방해하기 때문에 취한 민족단합을 위한 노력이다. 공산세력을 포함한 민족단합을 시도하다가 공산세력의 반대와 방해공작으로 민족단합이 실패지경에 처하자 공산세력을 제외한 나머지 세력들의 민족단합을 모색하기를 도모한 것이 이승만의 반공인 것이다. 따라서 이승만이 완고한 반공적 입장을 취했다는 이유로 그의 민족통합주의를 위선적 혹은 이율배반적인 것으로 비판하는 것은 타당하지 않다는 결론에 이르게 된다.

| 부록 |

1. 「민족적 단결은 생활의 요소」는 『태평양잡지』, 1924년 4월호, 6~21쪽에 게재된 것이다. 이 자료는 국가보훈처가 2013년 발행한 『태평양잡지 2』 (해외의 한국독립운동사료 37, 미주편 10), 42~57쪽에 수록되어 있다.
2. 「공산당의 당부당」은 『태평양잡지』, 1923년 3월호, 16~18쪽에 게재된 것이다. 이 자료는 국가보훈처가 2013년에 발행한 『태평양잡지 1』 (해외의 한국독립운동사료 37, 미주편 10), 610~612쪽에 수록되어 있다.
3. 「일민주의」와 「일민주의정신과 민족운동」은 이승만이 저술한 『一民主義概述』(一民主義普及會, 1949), 3~24쪽에 게재된 것이다.
4. 「신당 조직에 관하여」와 「새 정신의 정당 조직」은 대한민국 공보실이 편찬한 『대통령이승만박사담화집』, 제1집 (공보실, 1953), 61~63쪽에 게재된 것이다.

■ 부록 1:

「민족적 단결은 생활의 요소」 (『태평양잡지』, 1924년 4월호, 6~21쪽)

〈6쪽〉

1. 단결적 사상은 어느 때에 기원인가?
   - A. 천연물 시대
   - B. 목축시대
   - C. 농업시대
   - D. 상업시대
   - E. 공업시대
2. 단결의 필요는 어디에 있나뇨?
   - A. 단결의 필요는 우리의 신체와 생명을 보호함에 있다.
   - B. 단결의 필요는 우리의 자유와 재산을 보호함에 있다.
   - C. 단결의 필요는 민족적 체면 유지에 있다.

〈7쪽〉

한민족의 단결력이 강하고 약한 것은 그 민족의 흥망을 점칠 수 있다 함은 많은 말을 요구치 아니하고 알 것이라 하오. 물론 그 민족의 단결력이 강대하면 그 민족의 운명은 복리를 향수할 것이요, 단결력이 허약하면 그 빈족의 운명은 비참을 면하기 어려울 것이다. 이에 대하여 본 집필자는 이하와 같이 민족적 단결을 생활의 요소이라는 것을 두 어 가지로 분해하여 설명코자 하노라.

(1) 단결적 사상은 어느 때에 기원인가?

우리가 말하는 사회단결이니 국가단결이니 민족단결이니 하는 그 단결적 사상은 어느 때로부터 시작되어서 오늘날까지 지속되었는가. 이것에 대하여는 반드시 그 시작된 그 때가 있을 것은 분명할 것이요. 또 이때를 알고자 함은 우리가 단결을 주장하는 그 정신에 결코 불필요한 것이 아니다. 그러므로 본 집필자는 이에 대하여 잠깐 설명코자 하노라.

이 단결적 사상의 기원을 설명코자 하면 부득이 우리 인류가 상고로부터 오늘날까지 살아온 그 생활의 경로를 잠깐 말하지 않으면 될 수 없다. 그러하므로 이것을 말하고자 하면 저 우리가 상고시대로부터 오늘날까지 살아온 생활의 경로는 대략 다섯 계단을 지나서 오늘날 이 현상에 달하였다.

이와 같이 우리의 생활경로를 다섯 계단으로 분하여 관찰함은 일

반식자의 한가지로 말하는 바이요. 결코 이 집필자의 독단적이 아니다. 이 다섯 계단의 제1계단은 천연물시대라 하고 제2계단은 목축시대라 하고 제3계단은 농업시대라 하고 제4계단은 상업시대라 하고 제5계단은 공업시대라 한다. 이것을 나누어 설명하면 이하와 같다.

A. 천연물시대 : 우리는 몇 천 년 전이라든지 몇 만 년 전에도 오늘날과 같이 식물이라든지 의류가 다 구비하였느냐 하면 결코 그렇지 못하였다. 그 상고의 우리 생활은 극히 단순할 뿐만 아니라 또 소말도 하였다. 이 입고 먹고 있는 곳이 다 우리의 손으로 만들어 쓴 것이 아니요, 다 천연물로 우리의 생활은 도모하였다. 그 먹는 물건은 천연적 과실이라든지 또는 어류(생선) 라든지 야수(들짐승)이며, 입는 것은 물과 나무껍질이며, 있는 곳은 나무를 얽어매든지(구목위소) 땅에 굴을 파든지(굴토위처) 하고 그 곳에서 있었는데, 그 사람들은 한 곳에 머물러 있는 것이 아니요, 그 먹을 것을 따라 이곳에 있는 과실이라든지 어류

〈8쪽〉

가 다하면 저곳으로 다시 말하면 과실이 있고 어류가 있는 곳으로 항상 쫓아다니면서 수초부이의 생활을 하였다.

그리하자 인종이 번식됨에 그 천연물로는 그 인종들이 다 먹고 살아갈 수가 없게 됨에 그네들은 한편으로는 천연물을 이용하고 좀 부족한 부분은 들짐승을 길들여 이것으로 목축을 시작하여 자기들의 식용에 쓰게 됨에 우리 인류의 생활은 천연물시대를 잠깐 면하여 인

조적 목축시대의 계단으로 향상되었다.

B. 목축시대 : 우리 인류가 목축시대에 들어오매 그 때야 비로소 이리저리 천연물만 찾아다니던 생활이 좀 안정되어 한 곳에 있게 되는 동시에 그 자손들은 그 곳을 중심으로 하고 한 부락을 이루게 되었다. 이것이 이른바 부락생활이라 하는 것이다.

그네들은 천연물과 자기들의 기르는 짐승으로 생활을 계속하게 되더니 또 인종이 차차 번식됨에 그 천연물은 거의 다 없어지다시피 되고 다만 기르는 짐승으로만 생활을 계속하게 되었다. 이 기르는 짐승은 많이 성장이 더디되매 또 이것으로만 생활을 도모키가 어렵게 되어서 식물(과실과 곡식)을 이용코자 하는 생각이 있어서 과일의 씨와 곡식의 씨를 땅에 던지게 되었다. 그렇게 되매 우리 인류생활은 목축시대를 잠깐 변하여 농산물시대의 계단으로 향상되었다.

C. 농업시대 : 이 시대에 들어와서는 인류가 많이 발전이 되어서 그 사람들은 서로 있고 없는 것을 바꾸게 되며 또는 자기가 심으고 기르는 지단을 타인과의 경계를 만들어 자기 것과 남의 것을 분변하고 또는 부락생활이 점점 광장되어 한 지방생활로 한 추장세력 하에 한 나라의 체제가 형성되었다.

그러한데 이 농산물시대는 이상 천연물시대라든지 목축시대와 같이 속히 그 효력을 잊어버리는 것이 아니요, 그 무한한 지단을 이용케 되매 수천 년 이 시대를 계속케 되었다. 현금에도 아직 이 시대를 벗어나지 못한 민족이 있다. 저 우리 한국, 중화민국, 일본 기타 구라파에도 모모국, 미주에도 모모국은 아직 상업과 광업으로 그 국민의 생활 토대가 되지 못하였으매 이것은 농업시대를 면치 못한 것이다. 이 농산물 시대는 그 경로가 심히 장원함에 이 시대에 있어서 우리가 형상적 발전된 것을 보면 또 이것도 여러 계단으로 나누어 볼 것이나 아직 그것까지는 시간의 여

〈9쪽〉

유가 없으매, 대략 그 경로의 보통만 잠깐 들어 말하고저 하노라.

저 목축시대에서 이 농업시대로 변하여 들어오면 그 전후 몇 백 년은 우리 인류가 아직 야만의 상태를 떠나지 못하였으나 그 후 몇 천 년을 지내매 인문이 차차 발달되어서 지방적 단결생활이 한 국가적 단결생활로 변천되었고 또 피차의 있고 없는 것을 서로 바꾸는데 처음에는 서로 있고 없는 그 사람들끼리만 또 물건과 물건으로만 서로 상환이었으나 그 후에는 차차 중간에서 매개하는 사람 또 그것을 매개하는 데에 사용할 물건 즉 돈을 만들었다.

이 있고 없는 중간에 서서 이것을 매개하여 주는 그 사업을 상업이라 하고 또 그 사업을 하는 그 사람을 장사하는 사람이라 한다. 이 상업이라 하는 것이 처음 일어날 때에는 다만 이 사람이 있고 저 사람이 없는 그 중간에서만 하였더니 그 후에는 차차 이것이 발전되어서 이 지방에 없는 것을 저 지방에서 가져오고 저 지방에 없는 것을 이 지방에서 가져가게 되었으며, 그 후 또 몇 백 년을 지나서는 이 지방 저 지방에 있고 없는 것만 서로 매개할 뿐만 아니라 이 나라 저 나라의 있고 없는 것과 동서양에서 서로 있고 없는 것을 서로 매개

하게 되매 이 상업은 근자에 있어서는 한 세계적 사업이 되었다.

이 상업이 이와 같이 발전되매 이것으로만 자기의 생활을 도모코자 하는 개인만 있는 것이 아니라 어떠한 나라는 이것으로 자기나라의 경제토대를 삼는 나라(영국 같은 나라)도 있다. 이 농업시대에는 그 현상을 그대로 발전하여 가면서 그 중간에 상업이라는 것이 현출되어 이것으로 현대 열강은 세계의 경제적 위권을 잡고저 하매 저 농업은 잠깐 시대에 적응치 못한 사업으로 자가적 용도에 지나지 못하게 되고 이 상업이 전성시대로 변천되었다.

D. 상업시대 : 이 시대에 들어와서는 세계는 다 쇄국적 주의를 일소하고 다 지방적 주의를 주창하매 인문의 발달은 피아국의 현격이 없고 또 동서양의 특수한 점이 없다. 이러한 시대에 있는 우리의 현상은 개인은 자기 상업을 위하여 동업자를 질시하고 국가는 아국의 상권을 위하여 상품 판로상에 대수(對酬)되는 피국의 세력을 척제(滌除)키 위하여 칼과 총으로 그 최후를 결판한다. 거금 수 백년 내로 세계에 여러 번 일어난 전쟁은 전혀 상품판로의 개척을 위함이다.

〈10쪽〉

그 실례로는 영불의 필륙전쟁, 영청의 아편과 홍차전쟁, 거번 구라파에 독일 대 연합국의 철물전쟁이 다 이것이다. 거번 구라파전쟁을 어떠한 사람은 달리 해석하는 사람이 있지만은 이것은 단순한 상권광장의 관계이고 또 이 상권광장에도 그 상품은 이 세계에서 널리

쓰는 철물을 팔기 위한 것인즉 그 전쟁은 철물전쟁이라 할 수 밖에 없다.

이와 같이 이 세계 열강은 전혀 상업화가 되어서 이 상업광장에 몰두하더니 근자 수십 년 내로는 이 상업을 몰각하는 것은 아니지만 이 상업으로는 자국의 부강을 기성키가 어렵다는 사상으로 수 백 년 내로 절대시하던 상업은 잠깐 헐후히 생각하고 일반의 사상들은 공업계로 돌이키매 재근은 한 공업시대로 화하였다.

E. 공업시대 : 오늘날은 무슨 시대이냐 하면 우리의 경제적 생활은 이상과 같이 변천되어서 이 공업시대를 당하였다. 우리의 힘으로는 능히 하지 못할 기계의 세력은 일조 철리로 질주하는 저 기차이며, 호호한 해양을 지척의 이웃같이 내왕하는 저 기선이며, 망망한 창공에 연비여천같이 날아가고 날아오는 저 비행기며, 남북극에 상격하여 있는 자이 대좌상담 같이 사용하는 저 무선전이며, 기타 수수천종의 기기묘묘하고 신출기몰한 저 기계의 세력은 현대로서 전대를 멸시하고 전진으로써 후진을 압박할만한 이 공업이며 이 시대이다. 이 시대에 있는 저 열강들은 이것으로써 자기의 국부와 민강을 도모코저 하며 이것으로써 자기의 위권과 지위를 높이고자 한다.

그러나 이 공업은 저 상업과는 달라서 국제적 경쟁이 있다 할지라도 저 상업과 같이 적극적 경쟁은 아니요, 소극적 경쟁이다. 다시 말하면 상업경쟁은 자기의 상권광장으로 타인과 타국의 세력을 물리치지 않으면 되지 아니한즉 자기는 힘을 다하여 대수자를 저해코자 하는 적극적 경쟁이지만 이 공업은 그 발전이 국제적 관계로 되는 것이 아니요, 다만 자국 내에서 그 국민의 실력으로서 발전되는 것인즉 하등의 국제적 문제는 환기치 아니하고 다만 아국의 공작은 피국의 공작에 미치지 못할까 하는 소극적의 경쟁만 있다. 그러하므로 근자에 지식계급에 있는 예언자들은 말하기를 이 시대가 순전히 공업시대로만 변천되면 국제적 분쟁이 없을 것이요, 이것이 없게 되면 전

〈11쪽〉

쟁도 없어진다 한다.

그렇지만 이러한 말은 한 이론에만 구의한 말이요, 사실은 참작치 아니한 말이다. 어찌하여 그러하냐 하면 이 시대를 공업시대라 함은 저 상업보다 더 중요시 한다는 말에 지나지 못한 즉 이 시대가 전연히 공업으로만 변할 것도 아니요, 또 이 시대가 순전히 공업시대로 변한다 할지라도 이 공업도 다소간 국제적 분쟁의 성질을 가진 것도 있은즉 이 시대가 전연히 공업시대가 될 지라도 전쟁이 아주 없어진다는 것은 한 지상 공문에 지나지 못하는 말이요 다만 이 공업시대가 저 상업전성시대보다 국제적 분쟁이 다소간 적게 된다는 것은 과연 사실이라 할 수 밖에 없다 하노라.

이상과 같이 우리의 생활은 천연물시대로부터 목축, 농업, 상업, 공업으로 또 개인주의로부터 부락주의, 지방주의, 국가주의로 변천되어 온 것이 일목소연이다. 그러면 본 집필자이 자차로 쓰고자 하는 것은 무엇이냐 하면 우리의 오늘날 불으지지는 문제 즉 우리는 우리

끼리 단결하자 단결하자 하는 그 결사적 사상은 어느 때부터 시작되었느냐 하는 그 시기를 말하고자 하노라.

우리는 오늘날 사람이라 하는 명사를 가지고 있지마는 우리 인류를 한 과학상으로 보면 저 날짐승이나 저 길짐승과 같이 한 동물에 지나지 못하는 것이다. 다만 그 동물 가운데에 최고급 지식적 동물이 될 것뿐이다. 그러하므로 저 먹을 것을 보면 서로 다투고 빼앗는 것을 다른 동물과 조금도 다름이 없다. 또 그 먹을 것이 넉넉하면 서로 싸우지도 아니하고 약한 자이나 강한 자이나 서로 무간섭주의로 지나갈 것은 자연한 이치이다.

그러나 만일 그 먹을 것이 부족이라 하면 그 때는 큰 자는 작은 자의 것을 빼앗을 것이요, 강한 자는 약한 자의 것을 빼앗을 것이다. 이것에 대하여 저 사람이 아닌 동물들은 본시 하등의 의사가 없는 고로 약자, 소자는 더 강자, 대자에게 빼앗기고도 그대로 있지만은 이 사람이라는 동물은 저 상고 야만적 생활을 하고 있을 그 때라도 다소간 의사와 지혜가 있어서 그 강자와 대자에게 빼앗긴 그 약자와 소자는 그대로 있지 아니하고 아무쪼록 빼앗긴 것을 도로 찾아오고자 하며 또는 다시 빼앗기지 아니하고자 하는 생각이 있었다. 이 생각의 결과로 저 강한 자를 대적코자 하여 자기의 동류를 연결하였다. 그리되

〈12쪽〉

매, 저 강한 자 한 사람은 이 약한 자 두 사람의 연결을 저당할 수

없게 되었다. 그 강한 자도 또 다른 자로 연결하여 저 대수연결자의 먹을 것을 빼앗게 되었다. 이러한 경로로 우리의 오늘날 국가단결이니 민족단결이니 하는 것이 이것이 자라나온 것이다.

그러면 이 단결 시작은 어느 때에 있나뇨. 저 천연물시대이냐. 아니다. 단순히 천연물시대라 할 수는 없다. 이 단결 시작은 저 천연물시대 말기가 되자 목축시대 초기에 들어서자 이것이 시작되었다. 저 천연물시대의 초기와 중기에는 인종도 극히 희소함에 따라 천연물도 풍성하매 우리 인류는 강자이나 약자이나 그 먹는 데에 서로 무간섭주의로 있었다. 그렇지만 그 천연물시대 말기를 당하여 오매 차차 그 먹는 데에 다툼이 일어났고 이 부족함을 위하여 목축을 시작케 되매 개인 개인의 연결이요 이 연결을 만히는 그 형제처자이요 그 형제처자는 한 부락을 이루게 되었다. 이러하므로 우리의 오늘날 민족적 단결의 시기는 저 천연물시대 말기 목축시대 초기에 있다 하노라.

(2) 단결의 필요는 어디 있나뇨?

본 집필자는 이상과 같이 그 단결적 사상의 기원된 그 때를 말하여 맛치였으매 차자로는 우리의 민족적 단결의 필요는 어디였느냐? 다시 말하면 우리는 우리끼리 단결하자 하는 그것은 무엇에 필요하냐 하는 이것이다. 대저 이것을 말하고자 하는 동시에는 먼저 간단히 두어 마디의 다른 조건을 말하지 않으면 되지 아니할 것이 있다. 그

것은 무엇이냐 하면 우리가 주장하는 이 단결은 우리의 자동적이냐 타인의 피동적이냐 하는 이것이다. 다시 말하면 우리가 주장하는 이 단결이 우리의 자의로 된 것이냐 그렇지 않으면 타인의 시킴으로 된 것이냐 하는 말이다.

이에 대하여는 우리의 주장하는 단결은 우리의 자의가 아니요, 타인의 시킴이라 하노라. 어찌하여 그러하냐 하면 나는 한 예를 들어 이것을 확연히 증명코자 하노라. 저 우리가 집을 건축할 때에 그 담과 울타리를 든든히 하는 것은 무슨 연고이냐? 이 울타리와 담은 집이 아니다. 집이 아닌 이상에는 그 집을 소유코자 하는 그 사람은 그 울타리의 담쌓기를 원하지 않을 것이다. 그러나 그 집을 건축한 동시에는 그 담과 울타리는 아니하고는 될 수 없다는 그 사람의 생각으로 이것을 든든히 만드나니 이 담과 울타리는 그 집 주인이 만들었지만 이것을 만들게 시킨 것은 그 허

〈13쪽〉

술한 것을 엿보는 저 절도 놈이 시킨 것이라 하노라.

이것과 같이 우리의 단결은 우리가 주장하고 우리가 협력하는 것이지만 이것을 주장케 하고 협력케 하는 것은 그 우리의 약함을 엿보고 분산함을 엿보는 저 외적이 시킴이라 하노라. 그러면 우리는 절도를 꺼리어 담과 울타리를 만드는 것이나 외적을 두려워하여 단결을 협력하는 것이 조금도 그 의미가 다른 것이 없는 것을 알았도다.

그러면 우리는 우리의 협력하는 단결의 필요가 어디 있난 것을

대강 알 것이로다. 저 타족의 외세적 압력을 척제하고 자족의 복리를 도모코저 하는 데에 있도다. 이것을 이하와 같이 분석하여 설명하고자 하노라.

A. 단결의 필요는 우리의 신체와 생명을 보고함에 있다. 대저 우리의 신체와 생명에 대하여 유독물이 두 가지가 있다. 그 첫째는 질병이요, 그 둘째는 외적의 독수이다. 우리는 그 질병에 신체를 손상하고 생명을 잃어버릴까 염려하여 항상 위생에 주의하여 건강을 보전코자 하나니, 그러면 저 외적의 독슈로 인하여 우리의 신체와 생명에 박해되는 것은 무엇으로서 방어코자 하느냐. 이것은 우리의 정신을 수습하여 단결을 굳게 할 것이다.

만일 우리가 이 단결에 부주의 하는 동시에는 어느 날 어느 때라든지 또 저 일본 동경지진 시에 당한 신체 생명의 박해를 또 당할 것이요. 결국에는 우리의 한족이 멸망지경에 이를 것이다. 우리는 이 단결이 부족하므로 우리의 반만년 조국의 유업을 외적에게 잊어버리고 또 6, 7차이나 저 외적에게 수수만의 우리 동포는 생명과 신체에 박해를 당하였다.

이러한 역사적 비참은 우리뿐이 아니요 저 단결이 부족한 민족은 어떠한 민족이라든지 다 그러한 외적의 박해를 받는 것이다. 한 역사의 유물로 아르메니아민족이 저 토이기에게 학살을 당한 것을 보면 어떠한 시대라든지 자족의 단결력이 부족한 이상에는 이러한 외적의 박해를 면할 수가 없는 것이라 하노라.

그러므로 우리는 민족적 단결을 굳게 하여 외적의 박해가 침입치 못하게 주의할 것이요. 이것으로 인하여 신체와 생명을 보존한 것인즉 저 단결의 필요는 우리의 신체와 생명을 보호하매 유일한 것인 줄로 알 것이로다.

B. 단결의 필요는 우리의 자유와 재산을 보호하메

〈14쪽〉

있다. 저 자유는 우리의 생명이다. 이것이 없는 사람은 사체와 일반이다. 그러므로 자유는 생명과 같이 우리 인류 절대 소중물이다. 우리는 이 자유를 우리가 창조한 것이 아니요, 하느님으로부터 우리에게 품부하신 것이다. 그런고로 우리의 자유는 저 개인적 자유이나 단체적 자유이나 타 개인 타 단체의 간섭은 일초일리만치라도 이것을 용서할 수가 없는 것이다.

만일 이것을 일호라도 용서한다하면 이것은 자유라 할 수가 없다. 우리는 일평생을 지내자 하면 하고 싶은 일도 허다할 것이요 가고 싶은 것도 허다할 것이요 말하고 싶은 것도 허다할 것이어늘 저 외적의 간섭으로 개인의 행동이라든지 단체의 행동이라든지 압박과 절제를 받아 이 천부하신 자유를 이 저버린 동시에는 이것을 무슨 수단으로 회수하며 또 이것을 회수한다 하면 무슨 방법으로 보존할까?

이것은 다른 수단과 다른 방법은 없다. 다만 저희는 저희 민족의 단결을 굳게 하여 외적의 간섭을 물리치지 않으면 되지 아니할 것이다. 저희 민족적 단결이 부족하면 먼저 외적의 간섭이 들어올 것이요, 이것이 들어오면 저희의 자유가 침해당할 것은 두말을 요구할 것이 없다. 그러므로 자유를 보존코자 하면 단결이요 이 단결의 성취는 우리 자각에 있다 하노라.

또 재산은 우리 인류 경제적 생활에 요소이요 또 이 경제생활은 우리 인류 생활에 8, 9할을 점령한 것이다. 그러하므로 어떠한 학자는 우리 인류의 목적은 경제생활에 있다 하는 인생목적의 정의까지도 내린 이가 있다. 그러나 우리 인생의 목적이 다만 먹고 입고 자는 데에만 있다 하는 것은 그릇된 것이 분명한 것이라 하노라. 이와 같이 우리에게 절대 중요한 이것을 무슨 방법과 수단으로 외적의 침해를 척제할까?

이 경제적 물질 즉 우리의 먹고 입고 자는 이것은 이상에서 설명한 저 신체나 생명이나 자유보다도 더 일찍이 문제되던 것이다. 자세히 말하면 이 우리가 주장하는 단결이라 하는 것이 비로소 저 경제적 물질 (먹는 것으로)로 인하여 이것을 서로 빼앗고 침략하는 데에서 비로소 시작된 것이다. (이상 단결의 기원은 어디 있느냐 하는 그 결론을 보라)

이와 같이 장구한 세월에 문제로 있는 이 경제적 물질 즉 재산은 이것의 족부족(足不足)으로 그 나라의 강약을 판명하며 이것이 있고 없으므로 개인이나 국가이나 서로 쟁투를 일으키나니 자고로 금일까지의 여러 전쟁의 원인을 궁구하면 십의 8, 9는 이

〈15쪽〉

문제에 귀착되고 마나니 연고로 이 문제는 고금이 없고 동서양이 없

는 것이다. 그러면 우리는 이것을 아무쪼록 있던 것은 아니 잊어버려야 할 것이요, 또는 될 수 있으면 앞으로 나아가 타인의 것이라도 좀 가져오지 않으면 우리는 부강한 민족이 될 수 없을 것이다.

그러면 이것을 보존하고 진취하는 방법과 수단은 무엇이냐? 아니할 발로 민족이 거대하여야 될 것이냐.……아니다. 민족이 4억만이나 되는 저 중국은 참패만 당하지 아니하는가.……그러면 외교가 민할하여야 될 것이냐.……아니다. 아무리 초월한 외교가 있다할지라도 자국의 실력이 없는 동시에야 될 수 없다.……그러면 대포와 군함이냐.……아니다. 대포와 군함이 얼마큼씩 많다 할지라도 이것을 사용할 그 민족이 불성실하면 소용이 없다.……그러면 대관절 무엇이냐.……이것은 다른 방법 또는 다른 수단이 아니라 그 나라에 인민이 열이 있든지 스물이 있든지 한마음 한뜻으로 죽고 사는 것을 같이 하자는 그 단결사상으로부터 나온 그 민족의 단결이다. 이 단결력이 아니면 결코 우리의 재산을 침해하는 외적의 위세를 척제치 못하고 결국에는 다 빼앗기고 말 것이다. 그러므로 우리의 재산을 보전코자 하면 단결이요, 이 단결의 실부실(實不實)은 그 민족적 자각력에 있다 하노라.

그러면 우리 한족은 오늘날 어떠한 처지의 궁경을 당하였느냐? 우리는 일찍이 민족적 자각력이 부족하여 단결의 성취가 불완전한 연유로 외적의 침해를 받아 우리는 일언일동에 그 자유를 전연히 잊어버리었고 그 반만년 조국의 유업이 일조일석에 타인의 이용하는 바가 되었도다. 이러한 민족적 수치와 참혹은 우리 한족뿐이 아니요,

저 민족적 단결력이 부족한 민족은 어떠한 민족이라든지 다 그와 같은 외적의 박해를 받는 것이다. 저 잊어 버린 자유와 재산을 회복코자 하면 먼저 그 민족의 단결력을 회복해야 할 것이요. 이것이 회복되는 그 때이면 만사에 자유자재로 될 것인즉 저 단결의 필요는 우리의 자유와 재산을 보호함에 있다함을 깨달을 것이로다.

C. 단결의 필요는 민족적 체면 유지에 있다. 우리는 이 세상에 있어서 이 물질적 생활로만 그 욕망을 채우는 것이 아니요, 이 물질 이외에도 또 한 가지 바라고 원하는 것이 있다. 이것은 무엇이냐 하면 우리의 눈으로 보이지 아니하고 귀로 들리지 아니하는 즉 무

〈16쪽〉

성무취한 저 명예라는 것이요 또 지위라는 것이다. 이것은 우리의 육신적 생활에는 하등의 관계가 없는 것이다. 다시 말하면 이 명예라든지 지위라는 것은 우리의 먹고 입고 자는 데에는 하등의 관계가 없는 것이다.

그러나 이 세상은 차차 발전하여 갈수록 이것에 대한 일반 우리의 욕망 즉 욕심은 점점 극도에 달하여 저 명예와 지위를 위하여 많이 노력하고 또 이것으로 인하여 개인 간이나 단체 간에나 종종 다툼이 일어나며 또 이것에 대하여 손상을 당한 시에는 소위 명예손해 배상청구이니 지위회복운동이니 하는 여러 가지의 분쟁은 저 경제적 물질을 가지고 서로 다투는 것과 조금도 다름이 없다. 이와 같이 영예적 (명예와 지위를 통칭하는 것이다) 방면에 대하여 일반의 욕망은

적어도 문명한 시대에 있는 민족의 요구이지 결코 저 암흑한 시대의 야만족의 요구는 아닌 것을 생각하여 둘 것이다.

저 야만은 다만 아는 바이 물질에 지나지 못하는 것이다. 구복만 채우면 이것이 제 세상이요, 이 구복을 채울 것만 많이 얻어 놓으면 이것이 제일 성공인 줄만 아는 것이다. 그 외에는 아무 것도 더 요구할 것이 없고 또 요구할 생각도 없다. 이것을 어찌 우리 인류의 하나이라 할 수 있을까요? 대저 이 문명시대에 한 사람이라 하면 사람된 자기의 본분을 알아야 이것이 과연 이 시대의 사람이라 하오.

이 사람의 본분으로 말하면 우리는 여러 가지로 말할 수가 있으니 그 대략을 말하면 우리는 저 먹고 입는 것만 돌아보아도 되지 아니할 것이요, 그 외에도 의리와 예의도 돌아보아야 할 것이요, 또 명예와 지위도 돌아보아야 할 것이다. 만일 그 중에 하나이라도 결손이 되면 이것은 이 시대에서는 사람이라 할 수 없고 다만 인형을 가지고 있는 무명적 동물이라 할 수 밖에 없는 것이라 하노라.

그러면 우리 한족은 물론 수 천 년 문명한 민족으로 문명생활을 계속하여온 우리민족인즉 상당히 저 먹고 입는 그것 이외에도 우리의 의리이니 예의이니 명예이니 지위이니 하는 것을 존중히 여길 것은 분명한 일이다.

그러하면 이것을 존중히 안 증거가 무엇이냐? 우리는 오늘날 명예도 없고 지위도 없는 사람이다. 나라를 잊어버린 망국민족으로 남의 식민지 백성이라는 누명을 쓰고 있는 민족이다. 저 망국민족이라 하면 소위 명예라는 것은 말할 것도 없고 또

〈17쪽〉

남의 식민지 백성이라 하면 그 지위라는 것도 더 말할 것이 없지 아니하오. 가탄가석한 우리민족의 오늘날 이 처지올시다.

이러한 처지에 있는 우리는 저 잊어버린 명예, 저 추락한 지위를 회복하자 하는 생각은 점점 퇴각되어 가고 다만 의식에만 구구히 목을 메어 지내니 이것이 반만년 역사를 가진 우리 한족의 정신이냐? 참 가통가석이로다. 또 그뿐인가. 어떠한 정신병자 같은 인물들은 저 명예와 지위라는 것이 좋은 줄은 알아서 자기의 명예와 지위를 도모키 위하여 별별 수단을 다 부리여 동족간에 당파의 분쟁을 일으키는 인사가 비비히 있다. 이것은 그 명예와 지위라는 것이 좋은 줄은 알았으나 그 명예와 지위라는 것이 어디가 있는 줄은 알지 못하는 인물이로다.

자기의 명예와 지위를 우리 동족에게 찾고자 하느냐? 가히 우물 속에 앉아서 하늘을 보는 심이로다. 우리의 명예와 지위는 이 세계에 있다. 이 세계를 우리는 앞에 놓고 이곳에서 찾아내지 않으면 될 수 없는 것이다. 저 적국을 물리쳐서 이 식민지 백성이라는 누명을 벗어내야 그 때야 비로소 우리는 다른 나라 민족과 같이 자유민족이라는 명예도 또 다른 나라 민족과 같이 지위도 있는 것이다. 어찌 구구히 제 동족간에서 이것을 다투고 있을까 보냐? 적어도 우리 민족적 명예와 지위를 찾게 하라.

참 분하고 원통치 아니한가. 당당한 우리 이천만 민족 사천여년 역사국으로 남의 나라 식민지 또 식민지 백성이라는 말이 이것이 우리의 한시 잠시간인들 듣고 볼 일인가? 제 나라 주권자는 어따 두고 남의 나라 주권자 지배하에 구부렁구부렁 이 노릇이야. 사람의 정신을 가지고야 할 노릇인가. 차라리 제 아비를 내어 바치고 의붓아비 아래서 의붓자식 노릇하는 것이 낫지 않소? 또 제 나라는 어찌하고 남의 나라 식민지 백성 노릇을 하니 이것이야 참 창피치 않소? 조금도 다르지 아니한 남의 접방살이지요. 만장같은 내 집을 빼앗기고 접방살이라는 것은 꿈에도 생각지 못한 일이지요.

분하지도 않소. 우리 한족이여. 원통하지도 않소. 우리 동포들이여. 찾읍시다. 우리의 명예를 회복합시다. 우리의 지위를 이것이 우리의 최대 급무이며 최대 목적이 올시다. 이것을 회복치 못하면 우리 한족은 살어 이 세상에 나갈 체면이 없으며 죽어 지하에 돌아갈 면목이 없나이다.

이것을 회복코자 하면 우리는 다른 방법이

〈18쪽〉

없지요. 우리의 민족은 한마음 한뜻으로 단결을 굳게 지어 저 적국을 대항하고 세계에 공의를 부르짖는 수밖에 없는 것이다. 이것을 회복한 연후에야 우리는 우리라는 체면을 유지할 것이다. 그러므로 이 단결의 필요는 민족적 체면 유지에도 있다 한 것이올시다.

나는 이상과 같이 (1)에 단결적 사상은 어느 때로부터 시작되었느냐 하는 것과 (2)에 이 단결은 무엇에 필요한 것이냐 하는 것을 대강 말하여 받치었으매 자차(自此)로는 이상을 총괄하여 한 번 다시 알기 쉽게 말하고자 하노라.

저 단결 사상의 시작된 그 때는 분명히 천연물 시대 말기 목축물 시대 초기에 있다 함은 다시 말할 필요가 없지만은 이 단결의 필요는 어디 있느냐 하는 그것에 대하여는 한 결론으로 잠깐 더 말할 필요가 있나 하노라. 대저 민족적 단결은 우리 생활의 요소가 된다. 다시 말하면 우리끼리 단단히 결속해야만 살아갈 수가 있다 하는 본 문제를 한번 다시 생각하고 이상에 설명한 여러 조목을 한 번 더 연구하면 황연한 사실이 표현될 것이다.

우리는 단단히 결속치 않으면 우리의 힘이 약한 것은 더 말할 필요가 없다. 그러므로 외적은 어느 날 어느 때에 우리의 신체와 생명에 해를 줄른지 알지 못할 것이요. 또 우리의 자유와 재산을 언제 빼앗겨 갈른지 알지 못할 것이요. 이 단결력이 부족하여 이러한 것을 다 잊어버린 이상에는 나는 내라는 체면은 도무지 어디 가서 출두할 수가 없는 것이다. 그러므로 우리의 신체 생명도 이 단결력으로 보호, 우리의 자유재산도 이 단결력으로 보호, 우리의 체면도 이 단결력으로 유지하는 것이 아닌가? 그러면 이 단결이라 하는 것은 이 신체, 생명, 자유, 재산, 체면을 통합한 우리 생활의 한 근본이 되었다. 그러므로 본 문제에 민족적 단결은 우리 생활의 요소이라 한 연고이다.

그러한즉 내가 어떠한 민족의 한 분자가 되어서 그 민족단결에 정성을 표하지 아니하거나 그 단결을 비난하는 것은 그 단체를 저해하는 것으로만 볼 것이 아니요. 먼저 자기가 자신을 자살코자 하는 인종이라 어찌 이것을 족히 말할 것이 무엇 있으며 또 이 반대로 자기

민족의 단결을 찬성하고 일을 다 하는 그 사람을 저 단체를 먼저 위하는 것이 아니라 그 근본을 자기의 몸을 자기가 사랑하는 사람이라 하노라.

■ 부록 2:

「공산당의 당부당」
(『태평양잡지』, 1923년 3월호, 16~18쪽)

〈16쪽〉

공산당주의가 이 20세기에 나라마다 사회마다 아니 전파된 곳이 없어 혹은 공산당이라 사회당이라 무정부당이라 하는 명목으로 극렬하게 활동하기도 하며 혹은 자유권, 평등권의 명의로 부지중 전염하기도 하여 전제 압박하는 나라에나 공화 자유하는 백성이나 그 풍조의 촉감을 받지 않은 자 없도다.

공산당 중에도 여러 부분이 있어 그 의사가 다소간 서로 같지 아니하나 보통 공산당을 합하여 의논하건데 그 주의가 오늘날 인류사회에 합당한 것도 있고 합당치 않은 것도 있으므로 이 두 가지를 비교하여 이 글의 제목을 당부당이라 하였나니 그 합당한 것 몇 가지를 먼저 들어 말하건대

인민의 평등주의라. 옛적에는 사람을 반상으로 구별하여 반은 귀하고 상은 천하므로, 반은 의례히 귀하고 부하며 상은 의례히 천하며 빈하여 서로 변동치 못하게 등분으로 방한을 정하여 놓고 영영 이와 같이 만들어서 양반의 피를 타고난 자는 병신천치라도 웃사람으로 모든 상놈을 다 부르게 마련이요, 피를 잘못 타고난 자는 영웅준걸의 자질을 탓을 지라도 하천한 대우를 면치 못하였으며, 또한 노예를 마련하여 한번 남에게 종으로 팔린 자는 대대로 남의 종으로 팔려 다니며 우마와 같은 대우를 벗어나지 못하게 마련이라. 이와 같이 여러 천년을 살아오다가 다행히 범구혁명과 미국공화를 세운 이후로 이 사상이 비로소 변하여 반상의 구별을 혁파하고 노예의 매매를 법률로 금하였나니 이것이 서양문명의 사상 발전된 결과라. 만세인류의 무궁한 행복을 끼치게 하였도다.

그러나 근대에 이르러 보건데 반상의 구별 대신

〈17쪽〉

에 빈부의 구별이 스스로 생겨서 재산 가진 자는 이전 양반노릇을 여전히 하며 재물 없는 자는 이전 상놈 노릇을 감심하게 된 지라. 그런즉 반상의 명칭은 없어졌으나 반상의 등분은 여전히 있어 고금에 다를 것이 별로 없도다.

하물며 노예로 말할지라도 법률로 금하여 사람을 돈으로 매매는 못한다 하나 월급이라 공전이라 하는 보수 명의로 사람을 사다가 노예 같이 부리기는 일반이라. 부자는 일 아니하고 가난한 자의 노동으로 먹고 살며 인간행락에 모든 호강 다하면서 노동자의 버는 것으로 부자 위에 더 부자가 되려고 월급과 삭전을 점점 깍가서 가난한 자는 호구지계를 잘못하고 늙어죽도록 땀 흘리며 노력하여 남의 종질로 뼈가 늘도록 사역하다가 말 따름이오. 그 후생이 나는 대로 또 이렇게 살 것 뿐이니 이 어찌 노예생활과 별로 다르다 하리요. 그러므로 공산당의 평등주의가 이것을 없이하여 다 균평하게 하자 함이니 어찌 하여 이것을 균평히 만들 것은 딴 문제어니와 평등을 만들자는 주의는 대저 옳으니 이는 적당한 뜻이라 하겠고

공산당주의 중 부당한 것을 말할진대

1. 재산을 나눠가지자 함이라. 모든 사람의 재산을 토지 건축 등 모든 부동산까지 다 합하여다가 평균히 나눠 차지하게 하자 함이니 이것을 가난한 사람은 물론 환영하겠지만은 토지를 평균히 나눠 맡긴 후에 게으른 사람들이 농사를 아니하든지 일을 아니하든지 하여 토지를 다 버리게 되면 어찌하겠느뇨. 부지런한 사람들이 부지런히 일하여 게으른 가난장이를 먹여야 될 것이오. 이 가난장이는 차차 수효가 늘어서 장차는 저마다 일 아니하고 얻어먹으려는 자가 국 중에 가득할 거시며

2. 자본가를 없이하자 함이라. 모든 부자의 돈을 합하여다가 공동으로 나눠가지고 살게 하면 부자의 양반 노릇하는 폐단은 막히려니와 재정가들의 경쟁이 없어지면 상업과 공업이 발달되기 어려우리니 사람의 지혜가 막히고 모든 이의 미모한 기계와 연장이 다 스스로 폐지되어 지금에 이용후생하는 모든 물건이 더 진보되지 못하며 물

질의 개명이 중지될지라. 자본이 폐하기는 어려우리니 새 법률로 제정하여 노동과

〈18쪽〉
평등세력을 가지게 하는 것이 나을 터이며,

3. 지식계급을 업시 하자 함이니. 모든 인민의 보통상식 정도를 높여서 지금의 학식으로 양반 노릇하는 사람들과 비등하게 되자 하는 것은 가하거니와 지식계급을 없이하자 함은 불가하며,

4. 종교단체를 혁파하자 함이라. 자고로 종교단체가 공고히 조직되어 그 안에 인류계급도 있고 토지소유권도 많으며 이 속에서 인민 압제와 학대를 많이 하였으니 모든 구교 숭배하던 나라에서는 이 폐해를 다 알지라. 그러나 지금 새 교회의 제도는 이런 폐단도 없고 겸하여 평등주의의 사상이 본래 열교 확장되는 중에서 발전된 것이라, 교회 조직을 업시 하는 날은 인류 덕의상 손해가 다대할 것이며

5. 정부도 없고 군사도 없으며 국가사상도 다 없이한다 함이라. 이에 대하여는 공산당 속에서도 이론이 많을 뿐더러 지금 공산당을 주장한다는 아라사로만 보아도 정부와 인도자와 군사가 없이는 부지할 수 없는 사정을 자기들도 다 아는 바라 더 설명을 요구치 않거니와 설령 세상이 다 공산당이 되며 동서양 각국이 다 국가를 없이하여 세계적 백성을 이루며 군사를 없이하고 총과 창을 녹여서 호미와 보습을 만들지라도 우리 한인은 일심단결로 국가를 먼저 회복하여 세계에 당당한 자유국을 만들어 놓고 군사를 길러서 우리 적국의 군함

이 부산 항구에 그림자도 보이지 못하게 만든 후에야 국가주의를 없이할 문제라도 생각하지 그 전에는 설령 국가주의를 버려서 우리 2천만이 모두 다 밀리언에어가 된다 할지라도 우리는 원치 아니할지라.

우리 한족에게 제일 급하고 제일 긴하고 제일 큰 것은 광복사업이라. 공산주의가 이 일을 도울 수 있으면 우리는 나 공산당 되기를 지체치 않으려니와 만일 이 일이 방해될 것 같으면 우리는 결코 찬성할 수 없노라.

■ 부록 3:

「일민주의」와 「일민주의 정신과 민족운동: 민주의 토대된 4대 정강」(이승만, 『一民主義槪述』, 一民主義普及會, 1949, 3~24쪽)

〈3쪽〉

일민주의(一民主義)

1. 강령

(1) 경제상으로는 빈곤한 인민의 생활정도를 높여 부요하게 하여 누구나 동일한 복리를 누리게 할 것.

(2) 정치상으로는 다대수 민중의 지위를 높여 누구나 상등 계급의 대우를 받게 되도록 할 것.

(3) 지역의 도별(道別)을 타파해서 동서남북을 물론하고 대한 국민은 다 한 민족임을 표명할 것.

(4) 남녀 동등의 주의를 실천해서 우리의 화복안위의 책임을 삼천

만이 동일히 분담케 할 것.

〈4쪽〉

2. 개술

나는 일민수의(一民主義)를 제창한다. 이로서 신흥국가의 국시를 명시하고자 한다. 우리 본래 오랫 역사를 가진 단일한 민족으로서 언제나 하나요, 둘이 아니다. 이 하나인 우리민족은 무엇에고 하나이여야 한다.

그러나 귀천계급의 독해(毒害)가 민족을 찢었었고 빈부등차의 폐가 민족을 갈랐었다. 지역적 관념이 생기게 된지라 민족이 그 하나를 잃게 되고, 남녀구별이 있었던지라 민족이 그 하나에서 떠나게 되었다.

어느덧 국보(國步) 점점 기울어 감으로 식자들이 이를 걱정하여 선철(先哲) 이익(李瀷) 같은 분은 그 당시 정치적 최대한

〈5쪽〉

결함을 말하되 문벌취인(門閥取人)과 군존민비(君尊民卑)를 특히 지척(指斥)하여 이 제도를 고치지 아니하고는 정치다운 정치가 없으리라고 하였고, 홍대용(洪大容) 또한 귀천의 계급을 없앨 것을 역설하고, 정약용(丁若鏞), 박지원(朴趾源) 모두 토지 국유에 대한 고심적 방략을 후인에게 끼쳐주었으나 새로운 학설은 그 때 시론에 맞지 아니하고 구관(舊慣)과 사계(私計)가 서로 투합함이 단단하여 하등의 개혁

을 보지 못한 채로 최근계세(最近季世)에 이르더니 갑신년을 지내 갑오경장(甲午更張)에 미쳐서야 비로소 계급타파를 선포하였었으나 군주정체 의연한 아래 잔존한 구적이 없어지지 아니할 뿐 아니라, 경제 일면에 있어서는 아직 그대로 장야(長夜)이었더니 외환내분(外患內紛)이 거듭 거듭의 일로로 인입하게 되면서 얼마 지나지 아니하여 강산민인(江山民人)이 아울러 외

〈6쪽〉

구(外寇) 침략 밑에 깔려 있으니, 내가 독립협회에서 분주하던 그 때도 벌써 대세가 글렀거든 하물며 일루(一縷) 주권마저 이 땅을 떠난 뒤에야 민족의 전도를 생각하매 그 망창(茫滄)함을 무엇으로 형용하리요 마는, 나는 믿는바가 있었으니 이는 다른 것이 아니요, 지금 말하는 일민주의가 곧 이것이다.

오랜 역사를 가진 언제나 하나인 이 민족이 결코 이류(異類)에게 물들 리가 없다. 내가 서거니 누가 나를 꺼꾸러뜨리랴. 우선 지역적 관념을 없애서 우리가 하나됨을 억세게 하고, 남녀구별을 말아서 우리가 하나됨으로 붙돗게 하자 하였으니, 이 두 가지는 우리 독립운동 초기에 있어서부터 실천하려 한 바요, 귀천계급의 제거와 빈부차등의 근절 같은 것은 이념의 체계화로부터 체계의 실현화에 미치게까지 우리운동의 보철에 맞추어서 일층 우일층 금일의

〈7쪽〉

현상을 나타내게 된 것이니, 이 일민(一民)이라는 두 글자는 나의 오십년운동의 출발이요 또 귀취(歸趣)이다.

적이 물러가면 국토는 온전히 우리의 국토이어야 할 것이 아니냐. 세상일이 소료(所料)와 어그러진다 하기로서니 지금 삼팔선 문제 같이 내 흉억(胸臆)을 아프게 하는 것은 없다. 하나인 우리가 갈려진 채 벌써 몇 해냐. 앞으로는 국제의 공의가 있으니 순리적 해결이 있으리라고 바라는 바이나 우리로서는 급히 자결(自結), 자합(自合), 자일(自一) 하기에 있는 힘을 다 들여야 한다.

우리의 금일을 보고 금일의 유래를 여러 가지로 생각하면 유심한 인사는 자연히 지역적 관념이 내소(內消)할 줄 안다. 남이 갈리는 것에 통념(痛念)함을 느끼는 그 즉시 나로서는 더욱이 하나이어야 하겠다는 결심이 생기리라. 남에서 북으로 가는, 북에서 남으로 오는 서로 어울리는 순진한 민족적 정서는 어떤 강대세력의 장애라도 마침내 관

〈8쪽〉

철하고야 말리라. 막혔던 것도 터놓고 말려든, 하물며 우리 스스로끼리 호발(毫髮)만한 간격인들 차마 그 사이에 둘 것이랴.

'고난에서 감오(感悟)를 얻자' '빈약에서 자립을 비롯하자' '오늘날의 깊은 교훈으로 인하여 우리의 장래를 빛나게 하자'는 이 생각이나 일인의 사념(私念)일리 없으니 하나인 민족이 일절에 하나가 되자

는 것이 어찌 나 일인의 말이랴. 그러므로 나는 일민주의를 제창하여 이로서 신흥국가의 국시를 만들고자 한다.

우리 선민(先民)은 일찍부터 이 국시를 세웠었다. 한 때 우리 영토의 일부를 한군(漢郡)으로 빼앗긴 적이 있었으나 마침내 하나로 돌아오고 말았고, 신라와 고구려 같이 간과(干戈)로서 서로 대하던 터로도 고구려의 유민(遺民)이 당인(唐人)의 제재는 받지 않겠다는 결심을 하여 서로 이끌어 신라에 와서 합하였었으니 압록강 이북이 한 덩어리가 된 것이 이때부터다.

이런 것을 가지고 보더라도 하나요 둘이 아닌 우리민족의 정

〈9쪽〉

신을 알 수가 있다. 하나인 민족으로서 무엇에고 또 어느 때고 둘에 있을 수가 없다. 계급이 없어야 하며, 차등이 없어야 한다. 하나이거니 지역이란 무엇이며, 하나이거니 남녀란 무엇이냐. 다만 하나이면서라도 그대로의 하나만이라면 나는 만족하지 아니한다.

오늘날은 정히 우리민족국가의 첫날이라 귀천의 계급만을 없애자는 것이 아니라 우리민족 전체를 통하여 고등의 대우를 받게 하여야 하며 빈부의 등차만을 없이하자는 것이 아니라 우리민족 전체를 통하여 부요한 생활을 하게 하여야 할 것이니, 쉽게 말하면 죽 먹던 이를 밥 먹게들 하고 보리밥 먹던 이들을 이밥을 먹게 하자는 것이다. 지역적 관념을 제쳐 버리면서 나아가 한 덩어리로 업적을 내어야 하고 남녀구별을 없애는 동시에 일심일력으로 눈부실만한 신기록을

내이게 하여야 한다.

우리민족은 하나다. 국토도 하나요, 정신도 하나요, 생활에도 하나요, 대우에

〈10쪽〉

도 하나요. 정치상 문화상 무엇에도 하나다. 하나가 미처 되지 못한 바 있으면 하나를 만들어야 하고 하나를 만드는 데에 장애가 있으면 이를 제거하여야 한다. 누구든지 독자의 일념이 일어날 때 이 하나에 위반되는 바 있거든 곧 버려라. 이 일념에서 민족이 깨어진다. 항상 분열을 가지고 일체에 더하려 말라. 알라! 헤어지면 죽고 뭉치면 산다. 나누어지는 데서 죽고 일(一)에서 산다.

〈11쪽〉

「일민주의 정신과 민족운동 : 민주의 토대된 4대 정강」

세계 모든 나라의 대소강약은 물론하고 민주주의를 지키려는 자는 현재 생존의 위기를 당하지 않은 나라나 민족이 없는 터이니 이 이유는 즉 공산당문제이다.

공산주의는 본래 빈천한 사람들을 부귀한 사람들과 동등으로 살게 만들자는 주의라 한 것인데, 이 주의가 로서아에 크게 발전된 리유는 로서아 제정시대에 전제정치가 세계에서 가장 심하였던 것이므로 맑스주의를 흡수한 레닌의 대혁명이 성공

〈12쪽〉

되어 로서아황실을 더 전멸시켜 세계에 참독(慘毒)한 공산혁명의 역사를 이루게 된 것이다.

당초에 공산당에게 권리를 주라고 한 것이니 이 혁명은 레닌이 혁명운동을 시작할 때에 제일 유력한 스로간이 농민에게 땅을 주고, 주린 자에게 밥을 주며, 공산당에게 권리를 주라고 한 것이다. 이 스로간으로 로시아 대중의 심리를 인도하여 로서아대혁명이 성공된 후에는 공산당이 정권을 잡고 있어서 농민에게 땅을 주고 기민(飢民)에게 밥을 준다는 것은 다 잊어버리고 공산당세력만을 확대시키기로 작정하고, 병력을 강화하여 세계를 정복할 주의를 가지고 국제공산당 총본부를 만들어 대대적으로 선전한 대지(大旨)가, 모든 나라의 민심을 선동하여 계급전쟁을 부치게 한 것이다.

〈13쪽〉

빈민들은 부민을 타도해야 산다. 무식자는 유식계급을 몰락시켜야 산다. 상놈은 양반을 없애야 산다. 노동자는 재벌가를 정복해야 산다. 농민은 지주를 박멸해야 산다. 이러한 것으로 언론과 서류를 세계에 전파하고 세포조직을 아니한 곳이 없게 되었으니, 영미 등 부강한 나라나 파란과 불가리 같은 미약한 나라까지 그 세력이 뿌리를 박게 되어, 사람마다 생각하기를 로서아는 공산혁명으로 나라도 부강하고 백성도 풍족하게 자유로 살 수 있는 극락세계로 알만큼 되여진 것이다.

그러나 그 내용을 보면 로서아 민중같이 빈곤하고 압제받는 인민은 더 없는 것이니 내가 십륙년 전 모스코에 갔을 때에, 밤에 여관사무원인 로국인(露國人)이 나의 방에 들어와서 비밀히 말하기를 매삭 미화

〈14쪽〉

팔원 씩 받어 가지고 일을 보라 하니 살 수 없는 것을 간신이 지낸다 하여 자기의 길을 열어서 미국으로 가게 하여 달라고 간청하는 것을 들었으며 기차에서 미국인 몇 사람이 처음에는 아무말도 없이 서로 얼굴만 바라보고 있다가 기차가 로서아국경을 넘어온 뒤에는 이 사람들이 비로소 숨을 쉬고 그중 한 사람이 말하기를 로서아 내지(內地) 어떤 곳을 몰래 들어갔다가 길가에서 기진하여 쓰러저 죽은 사람을 보았는데 이렇게 굶어죽는 사람이 종종 있다 하니 이것이 오늘 공산당 사람들이 자랑하는 로서아 극락지역의 실정이다. 로서아사람들이 외국인이라면 신문기자뿐만 아니라 유람객까지도 내지에 들어가지 못하게 막는 것이 이러한 이유이다.

그러므로 쏘련 공산주의라는 것을 이름만 내세우고 사람을 속여 잘 살겠다는 욕심을 이용하여 공산당원을 만들어 저의 나라 저의 친척을 버리고 세계 각국

〈15쪽〉

을 공산화해서 모든 사람을 이 선전에 빠지게 하는 것이다. 공산군벌

세력으로 전세계를 저의 통치하에 넣자는 것인데 영미 각국 사람이 이런 내용을 알고서도 민중들이 다 개명해서 그 선전에 속지 않으리라는 신념을 가지고 방임하는 까닭에, 그 세력이 양성되어 동맹파업과 파괴분열운동이 점점 강경히 추진되므로 이 이상 더 방임한다면 민주주의는 물론하고 자유나 독립까지도 다 없어지고 쏘련의 한 부속국이 되고 말 것을 알으므로 지금은 법률로 탄압하며 교육으로 금지하며 전쟁준비로 모든 민주국가들이 단합해서 공동보호를 주장하다가 전쟁이라도 이러나는 경우에는 주저치 않고 용진하려는 결심이 되고 있으니, 거짓 선전에 빠져서

〈16쪽〉

남의 부속국(附屬國)이나 노예가 되거나 또는 공산당과 싸워 이겨 민주국들이 자유복리를 누리게 되거나 이 두 가지 중 한 가지를 택하여야만 될 것이며 이 외에 다른 길은 없을 것이다.

우리가 이 틈에 끼워서 해방 후 처음 양년간은 방공(防共)운동을 마음대로 못하고 합작이니 연합이니 하는 등 구속 하에서 공산세력을 길러서 화근을 양성하여 왔으니, 이것은 미국이 그 때에 공산당의 위험을 충분히 양해하지 못하고 협의적 정책으로 해결되기를 바라던 연고이다. 그러나 지금은 미국이 충분한 각오로 우리의 입장이 옳다는 것을 인정하여 절대로 우리의 정책을 지지하기에 이르렀으므로 우리의 앞길이 점점 열려가는 중이다.

그러므로 나라마다 각각 저이를 위하여 싸우는 것같이 우리도 우리

〈17쪽〉

를 위해서 공산당과 싸우는 것이니 이 싸움이 아직은 사상적 싸움이므로 이 정도가 변해서 군사적 싸움이 될 때까지는 사상으로 사상을 대항하는 싸움이 되는 것이니 민주주의로 공산주의를 대항하는 것은 사상이 너무 평범해서 이론상 엄밀한 조리에 들어서는 공산주의 선전을 대항하기에 어려울 것이므로 일민주의 하에서 4대정강을 정하여 한 정당을 세워 일변으로 공산화를 배격하며 일변으로는 민주주의의 영구한 토대를 삼기로 한 것이니 이 네 가지 정강은 다음과 같다.

(1)은 문벌을 벽파(劈破)하여 반상(班常)의 구별을 없이하므로 등급이나 계급을 물론하고 동등의 복리와 동등의 권리를 누리게 하자는 것이니 이것은 고래

〈18쪽〉

로 습전(襲傳)하던 바 왕후장상(王侯將相)은 대대로 왕후장상이 되고 평민상인(平民常人)은 대대로 하천(下賤)한 대우를 받게 되며 자유평등의 인권과 정권을 누리지 못한 습관을 일절 삭제해서 한 나라 한 법률 밑에서 한 민족으로 합동단결하여 영원한 복리를 다같이 누리자는 의미이니 이것이 미국 사람들이 유럽 군주정체 압박 하에서 따로 떨어져 민주주의를 표방할 적에 하나님이 모든 사람은 다 동등으로 창조했다는 그 사상을 토대삼아 민주정체를 건설한 기본적 정강이므로 이 기본적 주의를 우리가 흡수해야만 과연 우리 민주주의의 만년

기초가 확고히 잡힐 것이다.

(2)는 빈부가 동등으로 구별 없이 천조(天造)의 물질을 발전시켜 모든 복리를 누리며 동등권리를

〈19쪽〉

가져서 부요한 자는 대대로 [부요하고 빈한한 자는 대대로] 노동과 사역에 복종해서 노예나 우마(牛馬) 같은 대우를 받던 폐단을 없이하므로 다 같은 복리를 누리자는 것이니, 부자가 재산세력만 믿고 노동근로로만 생활하는 동포를 학대하는 폐단을 막으며 노동자가 재정가를 미워하는 태도를 가지지 말고 평균한 리익을 누리도록 합동진행해서 서로 도우며 보호하기를 힘쓰자는 것이니 정부에서 이를 주장하는 관계로 지주들은 토지를 팔고 정부에서는 토지를 농민에게 유상으로 분배하여 그 소출로 대금을 갚은 후에는 다 각각 제 소유로 만들게 할 것이며 지주는 그 대금으로 공장이나 혹은 다른 장구이익(長久利益)을 도모할 것이니 이 공업시대에 재산을 토지에만 넣지 말고 자본을 다른 공업에 사용하면 개

〈20쪽〉

인이나 국가경제에 크게 이익 될 것이요 공업과 상업상으로도 큰 재산가가 될 수 있을 것이니 이것이 곧 경제의 세 가지 기본 되는 토지와 자본과 노동이 합작해서 서로 평균 이익을 누리자는 유일한 계획일 것이다.

(3)은 남녀동등을 주장하는 것이니 이것이 민주주의 한 큰 정강이다. 상고 전제시대에는 남자가 여자를 구박해서 차별이 심하였으므로 어떤 나라에서는 심지어 말도 하대하고 권리도 없이 하인이나 심부름꾼처럼 부려먹게 된 것이다. 우리나라에서는 자초(自初)로 이와 같이 심하게 구별은 아니하였으되 다소간 차별직 습관이 있어시 완전한 동등권을 누리지 못하고 있는 터인데 자래(自來)로 우리 여성이 각 방면으로 남성만 못지않은 자격을 증명한 사

〈21쪽〉

람이 여러분이요 또는 민족운동 역사로 보아도 열렬한 애국성심이나 총명지혜가 누구만 못지않은 자격과 기능을 표명하여 온 것이니, 이때에 우리가 민주주의정신으로 일제히 해방해서 구습을 버리고 공정한 신식을 채택하여 전민족의 반수가 되는 녀성과 함께 세계무대에 경쟁전진(競爭前進)하는 것이 일민주의의 가장 요점이 될 것이므로 이것이 또한 한 정강이 되는 것이다.

(4)는 지방구별을 삭제해서 남북이니 경향(京鄕)이니 하는 차별적 습관을 버리고 다 한 동족 한 백성으로 사오천년 유전(遺傳)하여 온 통일정신을 발휘해서 한 마음 한 뜻으로 국가의 행복을 도모하여 서로 도와주고 함께 제휴하여 전민족이 한 덩어리가 되면 세계 각국을 대할 적에 남들이 우리들의 단결과 합동심에 감복

〈22쪽〉

하여 경애하기에 이르게 될 것이다.

일민주의는 이렇게 만들자는 결심인데 이 주의를 중요시하지 않고 이조 오백년 이래 당쟁 당론으로 차별과 분열과 폐습을 따라서 투쟁을 일삼게 된다면 우리 앞길이 심히 참담하게 될 것이다. 이조시대에 이 싸움으로 전국이 자상잔멸(自傷殘滅)하는 화근을 만들지 아니하였으면 임진왜란이 생길 수도 없을 것이오, 생겨서도 많은 피해를 당하지 않았을 것이다.

이 소위 사화와 편식이라는 당쟁으로 서로 결단을 낸 것이니 지금은 더욱이 각국이 섞여서 사는 시대임으로 우리는 친구도 있지만 친구 아닌 사람들과도 다 혼잡하여 사는 형편이니만치 이런 분쟁으로 서로 싸우고 있으면 좋은 기회는 다 잃어버릴 뿐 아니라 공동된 복리의 근원은 하나도 발전

〈23쪽〉

못하고 필경 우리나라와 우리 이익을 빼앗으려는 다른 나라가 어인(漁人)의 공(功)을 앉아서 거두게 될 것이니, 이것은 누구나 생각지 않을 수 없는 일이다.

그러므로 어떤 개인이나 어떤 단체이나 권리를 도모하자는 의도가 있으면 어디 사람을 물론하고 전국 민중이 다 합동적으로 성토(聲討)해서 그런 의사가 어디서든지 서지 못하게 해야 될 것이며, 오직 서로 믿고 서로 추존(推尊)함으로 삼천만의 공동이익을 도모해야 될

것이니 이것이 또 4대정강 중 긴요한 조건이다.

먼저 말한 바와 같이 이 네 가지 정강을 합하여 일민주의로 삼아 이 주의로서 한 정당이 참으로 4대정강을 실시해보자는 계획이었으나, 이 주의가 표명된 후 아직도 이 주의에 대해서는 많은 활동이 보이시 아니하며 다

〈24쪽〉

만 정당이라는 조직만 중요시해서 각종 명의로 단체를 조직하여 조직된 단체는 그 기본 되는 주의를 저버리고 당파적 사상이 현고(顯固)해서 서로 시기와 투쟁을 먼저 일삼나니 그러므로 우리는 정당주의(政黨主義)를 아직 정지하고 이 주의만을 발전시켜서 모든 동포가 일민주의를 철저히 이해함으로서 삼천만으로 우리 삼천만의 행복을 같이 도모하자는 정신과 결심이 확고히 서게 되면 일변으로는 공산분자들의 거짓 선전에 파동(波動)을 받지 않을 것이요, 일변으로는 민주주의의 토대가 사람들 마음속에 박혀있을 것이니 그렇게 되면 동양에서 우리나라가 모범적 민주주의의 보루가 될 것이다.

■ 부록 4:

「신당의 조직에 관하여」와 「새 정신의 정당조직」 (공보실 편, 『대통령이승만박사담화집』, 제1집, 공보실, 1953)

「신당의 조직에 관하여」(1951.8.5)

〈61쪽〉

내가 그간 수차 말한 바이지마는 정당조직이 아직 일른 것 같다고 한 이유는 우리나라에 4색 편당의 역사와 그 습관성이 있어서 정당이라는 것이 그런 성질대로 구성이 된다면 우리 국민에 대단한 위험을 주게 되는 고로 편당주의를 타파하기 전에는 정당을 조직하는 것이 어렵다는 것을 의미한 것인데 그 동안 내가 일민주의라는 주장으로 3, 4조건을 발표하였을 때 가장 평범해서 사람마다 우부우부(愚夫愚婦)라도 다 알아보며 깨달을 수 있을 것을 표준 삼아 파당과 분열을 초월하고 재래의 폐단되었든 반상과 빈부와 남녀와 지방 등의 구별을 통일로 방해되는 습관을 타파하고 한 민족 한 정신으로 통일을 이루어 가져야 우리 민국과 국민의 자유독립을 보유 발전하고 부강해 나갈 수 있다는 이치를 표시한 것인데 일민주의가 민간에서 다소 전파되어 우리 의도를 알만치 되었으므로 이것을 거구(去口)로 삼아 정당한 정당을 세워서 만세복리의

〈62쪽〉

전도를 엿보고 이 정신을 철저히 흡수해서 민족의 복리를 발전시키는데 협력을 원하는 사람들이 이 기회를 이용해서 전국적으로 대동단결하는 것이 필요하다고 믿는 바이다.

이 정당의 대지(大旨)는

1. 각각 개인의 이해득실을 떠나 정의와 공익을 우해서 신의로 뭉친 단결을 목적하고 정당의 규례를 복종하기를 맹세하는 사람을 당원으로 하고

2. 아무 의도 없이 정권과 기회 사용만을 주장삼아 이리저리 몰려다니는 소위 정객들은 이 정당조직에 참가를 허락지 말고 오직 근실충직한 정신으로 입당신청을 한 사람 중에서 확실한 결심을 본 뒤에야 입당을 허락하고

3. 정당을 대부분 노동자와 농민들과 기타 근로대중으로 구성하되 실로 민국의 주인이 되는 대다수 국민의 권위와 공익을 보호해서 민주제도의 보장이 되어 혹 권력을 잡아서 전제주의를 사용하거나 압제적 구습을 행하려는 자의 수중에 정부가 들어가지 않을 것을 보

장하고

4. 각 민간 사사 단체가 본 정당에 가입코자 할 때는 단체 명의로는 허락지 않고 오직 개인 자격의 가입을 허락할 것이니 절대로 혼잡치 말고 이 정당으로 인연해서 다른 단체에 손해를 끼치거나 각 단체에 인연해서 이 정당에 영향을 미치는 일이 없도록 하며

5. 정당의 명칭은 정하는대로 곧 발표할 것이며

6. 정당은 인도와 정의를 주장하면 다른 정당들과 대립이 되어서라도 남의 위신을 타락시키거나 남의 명예를 손실시킬 언동을 되도록 피해서 덕으로 포섭할 태도를 취할 것이며 다른 정당의 잘못을 적발해서 시비를 하여 악감을 사는 등 언사는 극히 피할 것이며 오직 자기 정당의 잘하는 일과 새로운 목적을 발전시키어 민중의 지지를 받도록 할 것이며

7. 일반 당원은 자기의 품행과 사상을 공명정대히 해서 부패하거나 기만하는 행동을 절대 삼감으로써 정당의 위신을 더욱 숭고히 유지할 것이며

8. 재정출납은 극히 주의해서 오직 정식으로 인정한 재정위원만이 출납토록 하고 출납의 목적과 그 금액을 분명히 해서 증빙서류를 정비해두고 장부에 상세히 올려서 언제든지 누구나 장부를 펴보면 알아볼 수 있게 하고 부정한 물품의 접수와 투표의 매수 등 부정한 사실을 절대 피할 것이며 만일 이런 사안이 있으면 사건의 경중에 따라 처단할 것.

본당 조직은 국회의원 동지와 민간지도자들이 내게 요청한 바 있

어 그 필요를 느껴 내가 후원해주기로 허락한 것이며 상세한 규례의 조직 등에 대하여는 원칙적인 의지를 같이하는 여러 동지들이 수시로 협의작성해서 진행할 것이며 각 지방조직이 상당히 이루어진 후에는 지방대표자들을 초집해서 공의를 따라 간부를 선정 조직할 것이며 여기에는 나는 별로 간섭치 않고 뒤에서 도와줄 것이니 사무진행 등절(等節)에 대하여는 나는 책임이 없는 바이며 내가 도와주고자 하는 바는 정당조직과 사무진행 등절이 어떻게 행하여 무슨 방식을 취해야 정당한 정당의 노선을 취할 수 있는가에 있는데 이렇게 하므로 민국의 발전과 보장에 공헌이 될 수 있는 것을 스스로 알려주고자 하는 바이니 모든 사당은 피하고 공정한 정당에 참가해서 민국의 복리를 구하고자 하는 일반 남녀는 철저한 목적을 서약하고 가입하기를 권하는 바이다.

「새 정신의 정당조직」(1951.11.14)

〈62쪽〉

발당준비회 여러분.

우리가 정당을 새로 조직하는 주의는 많은 사람을 모아가지고 세력을 우리가 가지겠다는 것이 아니고 상당한 정당

〈63쪽〉

자격으로 민주국가의 기본적 주의를 진전시키며 또 보수(報酬)를 하

자는 목적으로 하는 것이니 누구나 이 목적을 철저히 알고 우리 정강과 정견 주장을 절실히 지지하는 개인만을 모아서 각각 사리나 사심을 포기하고 민주국가를 영구히 보호하겠다는 결심을 선서하는 사람은 다 당원으로 명부에 허입할 것이요, 또 허입된 사람이라도 이 정신에 위반된 일을 행한 사람은 일정한 조리를 따라서 출회시키는데 주저치 말아야 될 것이다.

원래 민주국가는 백성이 다스리는 나라이며 백성은 그 나라의 대다수의 민중을 가르치는 것이다. 우리나라에 농민과 노동자와 기타 빈난(貧難)한 남녀가 대다수이므로 이 사람들이 정당을 일우어서 헌법을 지지하며 헌법을 따라서 나라를 자기들이 다스리려 하므로 혹 권위자나 재력가 등의 소수 분자들 수중에 정권이 빠지지 않게 하므로 민주정체를 영구히 보호해서 전민족의 자유평등상 행복을 영구히 잃지 말자는 것이 우리 주장이므로 비루한 정객이나 허영을 도모하는 부패한 사상을 다 물리쳐서 지공지정(至公至正)한 법규를 세워서 당내에 모든 협잡 같은 것이 스스로 없어지고 고상하고 청결한 지조를 세워서 민주국민의 만세복락을 누리게 하는 것이 우리 목적이니 이 목적을 전민족에게 충분히 알려서 순수하고 사(私)가 없는 우리 대중에 유일한 이익으로 정당을 만들기를 사람마다 새 정신 새 결심으로 자기도 실천하며 모든 동포로 하여금 하나도 모르는 사람 없이 깨닫고 믿도록 실행할 것입니다.

노동당을 만들므로 이 당에서 농민이나 노동자는 격외의 무슨 이익이나 권리를 주어서 남보다 더 잘 살거나 당원이 아닌 사람보다 더 많은 권리를 준다는 것은 우리가 뜻하는 것도 아니고 바라는 사람도 없을 것이다.

오직 우리가 바라는 것은 정치상에 청백과 공정으로 애국애족심을 표준해서 서로 보호하며 서로 제휴하는 중에서 우리가 나라의 주인임을 각각 깨달아서 주인이 되는 권리도 자기려니와 주인이 되는 직책을 행하는 것도 자기라는 것을 깨달아서 각오하여 우리부터 먼저 개인이나 정당에 특권이나 특리를 요구치 아니하고 오직 우리 대중 인민의 일심합력으로 나라에 큰 세력의 토대가 서서 자유평등권을 다 같이 누리게 하자는 것이니 전에는 극소수 인물의 권위자들이 정권을 잡아서 대중 인민의 자유와 이익을 빼앗아 해국해민(害國害民)하는 폐단을 막고 우리 대중 인민의 손으로 지극히 공정한 애국인사를 뽑아서 정부와 국회에 권리를 가지고 오직 국가의 권위와 민중의 권리를 도모하고 보호함으로 정부는 영구히 우리 국민 전체의 수중에서 소수 분자에게 빼앗기지 말게 하며 근로공작하는 대중을 자기들의 정당한 권리와 직책 안에서 자기가 버는 것과 자기가 가지는 것을 세력가에 빼앗기는 손해를 받지 않고 영구히 민주정치 하에서 세계 모든 민주국가와 경쟁전진하므로 우리의 평화와 세계평화를 진전 보장하는 것입니다.

발당준비회에 출석한 여러분들에게 단 한 사람이라도 정강과 정견을 모르고 참가한 분은 이것을 먼저 읽고 안 연후에 참가하는 것이 좋을 것이요, 각자가 각오하여 잘 알고 참가여부를 결정케 하는 것을 자기책임으로 알아서 극히 노력해야 할 것이니, 금년이 며칠 남지 않은 만치 부지런히 노력해서 이 정당의 전국적 결성이 완료하는 것이 가장 중요조건이므로 여러 제씨가 노력해서 이 정당을 공고히 성립하므로 민국의 토대를 더욱 공고케 하기를 거듭 부탁합니다.

■ 찾아보기

■ 양동안

1968년 서울대 정치학과 졸업
1975년 중앙대 대학원 정치외교학과 석사과정 졸업
합동통신사 기자, 경기대 조교수, 한국학중앙연구원 교수 역임
현재 한국학중앙연구원 명예교수

저서
『대한민국 건국사』(2001), 『민주적 코포라티즘』(2005), 『사상과 언어』(2011),
『대한민국 '건국일'과 '광복절' 고찰』(2016) 등

이승만의 민족통합주의 연구

저 자 양동안
발 행 연세대학교 대학출판문화원
주 소 서울특별시 서대문구 연세로 50
http://www.yonsei.ac.kr/press
ysup@yonsei.ac.kr
전 화 02)2123-3380~2
팩 스 02)2123-8673
등 록 1955년 10월 13일 제9-60호
인 쇄 (주)태화북스

2017년 12월 15일 1판 1쇄
ISBN 978-89-6850-199-9 (93900)

값 14,000원